TU PARLES ENCORE?

COMMUNICATIVE ACTIVITIES IN FRENCH

by

Vee Harris and Liz Roselman

Book A

Nelson

Thomas Nelson and Sons Ltd
Nelson House Mayfield Road
Walton-on-Thames Surrey
KT12 5PL UK

51 York Place
Edinburgh
EH1 3JD UK

Thomas Nelson (Hong Kong) Ltd
Toppan Building 10/F
22A Westlands Road
Quarry Bay Hong Kong

Thomas Nelson Australia
102 Dodds Street
South Melbourne Victoria 3205
Australia

Nelson Canada
1120 Birchmount Road
Scarborough Ontario
M1K 5G4 Canada

First published by E J Arnold & Son Ltd 1986
ISBN 0-560-00806-6

This edition published by Thomas Nelson and Sons Ltd 1991
ISBN 0-17-439446-2
NPN 9 8 7 6 5 4 3 2

PRINTED IN GREAT BRITAIN BY BPCC WHEATONS LTD, EXETER

Contents

TASK	AIM	PAGE
1. On va au restaurant	How to order a meal	6
2. On achète des vêtements	How to shop for clothes	8
3. On rapporte ce qu'on a acheté	How to return faulty goods	10
4. On réserve une chambre à l'hôtel	How to reserve a hotel room	12
5. On prend le métro	How to use the underground	14
6. On tombe en panne	How to get help if your car breaks down	16
7. On explique un accident de la route	How to explain how a car accident happened	18
8. On arrive chez son correspondant/sa correspondante	How to welcome a penfriend to your home	20
9. On réagit à une nouvelle	How to exchange news with a friend	22
10. On décrit ce qu'on fait le samedi	How to describe what you do on Saturdays	24
11. On s'excuse	How to apologise	26
12. On prend un message téléphonique	How to take a telephone message	28
13. On fixe un rendez-vous	How to arrange when and where to meet a friend	30
14. On explique son absence	How to explain how you hurt yourself	32
15. On décrit les centres de vacances	How to describe a holiday resort	34
16. (i) On explique les actualités régionales	How to give details about an item of local news	36
(ii) On explique les actualités internationales	How to give details about an item of international news	38
17. On parle de sa vie à l'école	How to say what you think about your school	40
18. On parle de sa vie chez soi	How to say what you think about your life at home	42
19. On parle de la façon de vivre ailleurs	How to say what you think about the way of life in other countries	44
20. (i) On demande conseil (problèmes personnels)	How to ask a friend's advice about personal problems	46
(ii) On demande conseil (autres problèmes)	How to ask a friend's advice about a decision you have to make	48
Vous écrivez, vous imaginez, vous inventez	Follow-up activities	50

Get talking

The purpose of this book is to help you to talk in French. It puts you in some of the situations you may encounter during a visit to France or if you meet French people in Britain.

Two books

There are two books, one for you and a slightly different one for your partner, because you each have a different part to play in each situation. One of you will have a piece of information or an opinion that the other person wants to find out about.

Tourist situations

The first seven tasks are based on situations you might come across as a tourist in France:

For example . . . booking a hotel room or getting help if your car breaks down.

In these situations, partner A will be describing what kind of accommodation (s)he needs or what is wrong with the car, and partner B will use the relevant details in the B book to see if (s)he can help.

Personal situations

The last thirteen tasks in the book are based on the sort of conversation you may have when people ask you about yourself, your school, or your latest news. It is sometimes difficult to talk about yourself, either because your partner already knows you quite well or quite simply because you do not know where to start. This is why you will be given a new identity or some 'imaginary' opinions for practice, first of all.

Using the books

- All the instructions are in French, but don't worry if you don't understand every word. Just try and get a rough idea of what the task is about.
- Before you start to tackle a task, look at the 'Préparation' page. This gives you the words and phrases that you will need. Check that you know them well.
- The dialogue on the 'Préparation' page gives you an example of how to tackle the first situation in the task. Practise reading it with your partner.
- Cover up the 'Préparation' page, then you will be ready to move on to the other situations. Treat each one as a new conversation. Don't be worried about making mistakes – you will probably not get it right the first time. What matters most is to get the message across.
- For each task there is a result grid so that you can record what you have found out from your partner. Copy the grid into your exercise book and fill it in for each conversation you have.
- If you finish the different conversations before other members of the class, turn to the back of the book where there are some extra activities related to each task for you and your partner to try.

Useful phrases

Here are some general words and phrases that may be useful in all the situations. Those marked with an asterisk are more familiar expressions that you should only use with people you know well.

1. These you will need for every conversation:

To start a conversation
Bonjour, Monsieur/Madame/Mademoiselle
Pardon, Monsieur/Madame/Mademoiselle
Excusez-moi de vous déranger
S'il vous plaît . . .
Salut, Pierre/Jeanne*
Dis/dites donc*

To end a conversation
Au revoir
Bonne journée/bonne nuit
Bon après-midi/bonsoir
Bon, je m'en vais*
A demain/à bientôt/à un de ces jours*

2. These you may need if you or your partner are having difficulties getting the message across:

To indicate you have not understood
Comment?*
Je ne comprends pas
J'ai mal entendu
Tu pourrais/vous pourriez répéter ça, mais moins vite, s'il
   vous plaît?

To get some help with your French
Comment dit-on. . .en français?
Qu'est-ce que ça veut dire, x?
Ça s'écrit comment?

To check you have understood
. . .c'est bien ça?
. . .si j'ai bien compris?
Tu as/vous avez bien dit. . .?

To check someone understands you
Tu vois/vous voyez?

To give yourself time to think
Euh. . .
Eh bien. . .
Je veux dire. . .
Je ne sais pas, mais. . .
Ça dépend

3. These you may need to help the conversation sound more natural:

To thank someone
Merci bien/beaucoup

To apologise
Je suis désolé(e)
Je m'excuse*

To show you are listening
Ah. . .oui/bon/bien

To show pleasure
Quel plaisir/bonheur
C'est bien/super*/formidable ça
Chouette!*

To show admiration
Faut le faire!*
Chapeau!*

To show agreement
Je suis tout à fait d'accord
Bien entendu
Justement
Evidemment

To show indifference
Peut-être
Cela m'est égal
Bof!*

To respond to thanks
Je t'en prie
Je vous en prie
Il n'y a pas de quoi

To respond to an apology
Ça ne fait rien
Ce n'est pas grave

To show surprise or disbelief
Vraiment?
C'est incroyable!
Tu exagères/vous exagérez!*
Sans blague!*

To show sympathy or displeasure
Quelle malchance!
C'est embêtant*/affreux/curieux ça!
Mince alors!*
C'est dingue, ca!*

To show disagreement
Je ne suis pas du tout d'accord
Si (when contradicting)
Absolument pas!
N'importe quoi!*

To stress what you are saying
Moi, je. . .
A mon avis, . . .

Les numéros

1 un (une)	9 neuf	17 dix-sept	50 cinquante
2 deux	10 dix	18 dix-huit	60 soixante
3 trois	11 onze	19 dix-neuf	70 soixante-dix
4 quatre	12 douze	20 vingt	80 quatre-vingts
5 cinq	13 treize	21 vingt et un	90 quatre-vingt-dix
6 six	14 quatorze	22 vingt-deux etc. . .	100 cent
7 sept	15 quinze	30 trente	1000 mille
8 huit	16 seize	40 quarante	5000 cinq mille

On va au restaurant

Préparation

Qu'est-ce que vous désirez	comme hors-d'œuvre/plat principal/dessert?

Je voudrais
J'aimerais

le menu à . . .x. . . francs.
le pâté/la soupe/les escargots *etc.*

Je vais prendre une glace

Quel parfum?

Une glace à la fraise/au citron

Je regrette, mais
Je suis désolé(e), mais

il n'y en a plus
nous n'en avons plus

Je peux vous recommander

le/la/les . . .
le potage du jour

C'est quoi comme potage?

C'est le potage aux champignons

Je suis

végétarien(ne)/au régime/trop pressé(e)
allergique aux produits laitiers

Je n'aime pas

la cuisine française/italienne

Vous avez

la côte d'agneau/la salade niçoise/les rognons?

Je dois vous prévenir que

le prix a augmenté
ce plat coûte maintenant x francs

C'est trop cher
Ça ne fait rien,

je vais le/la/les prendre quand même

Dialogue

Serveur(euse) Qu'est-ce que vous désirez?

Client(e) Bon, comme hors-d'œuvre je voudrais du melon, s'il vous plaît.

Serveur(euse) Ah! je regrette, nous n'avons plus de melon, mais je peux vous recommander la coquille St. Jacques.

Client(e) Ah non, merci. Je suis végétarien(ne). Je vais prendre des crudités.

Serveur(euse) Bon. Et comme plat principal?

Client(e) Je vais prendre une omelette au fromage.

Serveur(euse) Oui, et comme dessert?

Client(e) Euh. . . une glace, s'il vous plaît.

Serveur(euse) Quel parfum?

Client(e) A la fraise.

Serveur(euse) Bon, alors, des crudités, une omelette au fromage et une glace à la fraise, C'est bien ça?

Client(e) Oui, c'est ça. . . et je peux voir la carte des vins?

Serveur(euse) Bien sûr: la voilà.

Vous êtes touriste dans un restaurant en France où travaille votre partenaire. L'information écrite vous indique ce que vous pouvez ou ce que vous aimez manger, et le prix maximum que vous pouvez payer. Regardez le menu, puis commandez un repas convenable.

1. Vous êtes végétarien(ne). Vous ne mangez ni viande ni poisson. Prix maximum: 40F	2. Vous êtes au régime. Attention à la ligne! Prix maximum: 50F	3. Vous êtes allergique aux produits laitiers: (crème, fromage, beurre, etc.) Prix maximum: 45F
4. Vous détestez la cuisine française, et préférez manger les plats que l'on trouve en Angleterre. Prix maximum: 35F	5. Vous venez de suivre un régime très strict, mais vous avez, enfin, le droit de tout manger. Vous sortez pour fêter cela! Prix maximum: 55F	6. Vous êtes très pressé(e). Vous devez manger des plats froids, ou vite préparés. Prix maximum: 45F

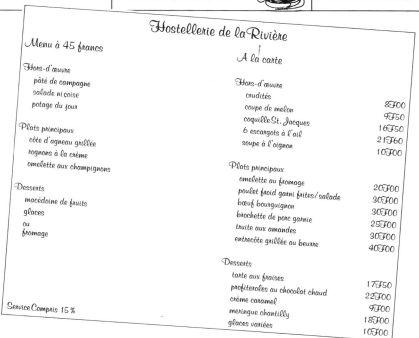

Hostellerie de la Rivière

Menu à 45 francs

Hors-d'œuvre
pâté de campagne
salade niçoise
potage du jour

Plats principaux
côte d'agneau grillée
rognons à la crème
omelette aux champignons

Desserts
macédoine de fruits
glaces
ou
fromage

Service Compris 15 %

A la carte

Hors-d'œuvre
crudités
coupe de melon — 8F00
coquille St. Jacques — 9F50
6 escargots à l'ail — 16F50
soupe à l'oignon — 21F60
— 10F00

Plats principaux
omelette au fromage
poulet froid garni frites/salade — 20F00
bœuf bourguignon — 30F00
brochette de porc garnie — 30F00
truite aux amandes — 25F00
entrecôte grillée au beurre — 30F00
— 40F00

Desserts
tarte aux fraises
profiteroles au chocolat chaud — 17F50
crème caramel — 22F00
meringue chantilly — 9F00
glaces variées — 18F00
— 10F00

Copiez le tableau ci-dessous. Ecrivez dans les cases appropriées combien vous devez payer.

Prix	1.	2.	3.	4.	5.	6.

On achète des vêtements

Préparation

Je voudrais
Je cherche

Vous le/la/les voulez en

De quelle couleur?

Vous faites quelle

Je fais du

Nous avons | seulement
Il reste

Nous avons des | pullovers verts en laine

Mais pas en | 42/44 *etc.*
Seulement en

Je peux l'/les essayer?

Ça vous plaît?

C'est combien?

C'est | x francs
trop cher(e)/grand(e)/petit(e)/serré(e)

Je le/la/les prends

un pantalon/une jupe/des chaussettes *etc.*

laine/coton/tergal/velours/acrylique/cuir/daim/soie?

En rose/rouge/jaune/bleu/noir/brun/vert/gris/blanc

taille? *(for clothes)*
pointure? *(for shoes and socks)*

36/38/40/42/44 *(for clothes)*
35/36/37/38/39/40/41/42/43/44 *(for shoes and socks)*

des chaussettes blanches

en *(+ material/size/colour)*

Dialogue

Vendeur(euse) Je peux vous aider?

Client(e) Oui, je cherche un pullover.

Vendeur(euse) Vous le voulez en laine ou en acrylique?

Client(e) En laine, s'il vous plaît.

Vendeur(euse) De quelle couleur?

Client(e) En vert ou en brun.

Vendeur(euse) Vous faites quelle taille?

Client(e) Je fais du 44.

Vendeur(euse) Alors, attendez . . . oui, nous avons des pullovers verts en laine en 44. Voilà.

Client(e) Bon. C'est combien?

Vendeur(euse) C'est 140 francs.

Client(e) D'accord. C'est bien. Je le prends.

Vendeur(euse) Merci.

Vous êtes touriste dans un grand magasin en France.

Votre partenaire est vendeur(euse) au rayon de vêtements. Les images vous montrent ce que vous voulez acheter et combien vous voulez payer. C'est à vous de décider si vous êtes prêt(e) à accepter une autre couleur ou un autre tissu.

1. vert ou brun laine taille: 44 Prix maximum: 150F 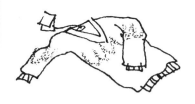	2. bleu ou noir coton ou velours taille: 42 Prix maximum: 200F 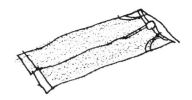	3. blanche ou rouge coton taille: 36 Prix maximum: 170F
4. jaune ou rouge tergal taille: 38 Prix maximum: 80F 	5. noir ou brun cuir taille: 40 Prix maximum: 500F 	6. jaunes/vertes/bleues coton pointure: 36 Prix maximum: 20F 

Copiez le tableau ci-dessous. Dans les cases appropriées, écrivez les détails de ce que vous avez acheté. Si vous n'avez rien acheté, mettez une croix.

	1.	2.	3.	4.	5.	6.
Vêtement						
Couleur						
Prix						

3

On rapporte ce qu'on a acheté

Préparation

J'ai acheté	cet appareil-photo cette montre ce tee-shirt cette chemise de nuit ce paquet de biscuits cette boîte d'œufs	hier

mais il/elle ne marche plus		
mais quand je l'ai essayé(e)	il/elle était trop	grand(e) petit(e) serré(e)
mais quand je l'ai ouvert(e)	ils n'étaient plus frais ils étaient cassés	

C'est quelle taille?

C'est un(e) — 36/38/40/42 *etc.*

En voilà un(e) autre en... *(+ size)*

Alors, je pourrais vous	rembourser offrir un(e) autre... *(+ object)* offrir une autre marque

Je suis désolé(e), nous n'avons plus de... *(+ object)*

Alors, je prendrai	un(e) autre... *(+ object)* l'argent

C'était combien?

D'accord. Voilà	x francs un nouveau... *(+ object)* une nouvelle... *(+ object)*

Dialogue

Client(e) J'ai acheté cette montre hier, mais elle ne marche pas. Regardez.

Vendeur(euse) Oui, vous avez raison. Alors, je pourrais ou bien vous offrir une autre montre de la même marque, ou bien vous rembourser.

Client(e) Je prendrai une autre montre, s'il vous plaît.

Vendeur(euse) D'accord. Voilà une nouvelle montre. Essayons... oui, ça marche bien.

Client(e) Merci bien. Au revoir, Madame.

Vendeur(euse) Au revoir et merci.

Vous êtes touriste en France. Vous avez acheté quelque chose hier dont, pour une raison ou pour une autre, vous n'êtes pas content(e). Votre partenaire est vendeur(euse) dans un grand magasin en France. Vous voulez qu'il/elle remplace l'objet que vous avez acheté, ou bien qu'il/elle vous rembourse. Les images vous montrent ce que vous avez acheté et pourquoi vous n'êtes pas content(e). Insistez sur vos droits de consommateur...

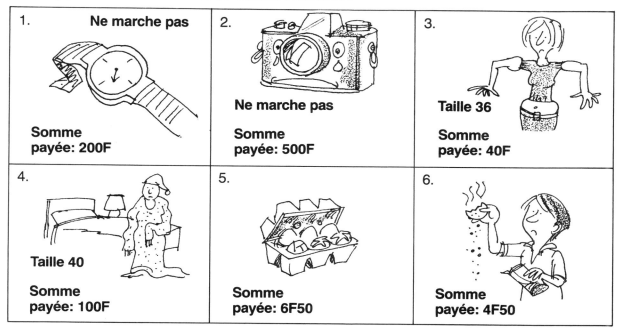

1. **Ne marche pas** **Somme payée: 200F**

2. **Ne marche pas** **Somme payée: 500F**

3. **Taille 36** **Somme payée: 40F**

4. **Taille 40** **Somme payée: 100F**

5. **Somme payée: 6F50**

6. **Somme payée: 4F50**

Copiez le tableau ci-dessous. Dans les cases appropriées, cochez la solution que vous avez trouvée ou remplissez les autres détails, si nécessaire.

	Remplacement?	Remboursement?	Autres solutions? – détails
1.			
2.			
3.			
4.			
5.			
6.			

On réserve une chambre à l'hôtel

Préparation

Je voudrais réserver une chambre d'hôtel à Montpellier, s'il vous plaît

C'est pour | une personne/deux personnes
une nuit/deux jours *etc.*

Vous voulez
Avez-vous | quelque chose | en centre-ville *etc.*(?)

C'est pour quelles dates?

Du... | au... *(+ dates of stay)*

Il y a l'hôtel...

C'est combien?

C'est x francs la semaine/la nuit

Bon, ça va bien

Pouvez-vous me donner l'adresse et le numéro de téléphone de l'hôtel, s'il vous plaît?

La chambre est à quel nom?

C'est pour Monsieur/Madame...

Pouvez-vous nous confirmer la réservation par lettre, s'il vous plaît?

MONTPELLIER

Dialogue

Secrétaire Allô. Je voudrais réserver une chambre d'hôtel à Montpellier, s'il vous plaît. C'est pour une personne pour une semaine.

Employé(e) Oui...

Secrétaire Avez-vous quelque chose en centre-ville?

Employé(e) Oui. Il y a l'Hôtel Floride. C'est pour quelles dates?

Secrétaire Du 7 au 14 avril.

Employé(e) Bien, et c'est à quel nom?

Secrétaire C'est pour Madame Brown. Et pouvez-vous me donner l'adresse et le numéro de téléphone de l'hôtel, s'il vous plaît?

Employé(e) Oui, c'est au 1, rue François Périer et le numéro de téléphone est le 67.65.73.30. Ça y est?

Secrétaire Merci, et c'est combien la chambre par nuit?.

Employé(e) C'est 110 francs la nuit. Pouvez-vous nous confirmer la réservation par lettre, s'il vous plaît?

Secrétaire Oui bien sûr. Merci bien. Au revoir.

Employé(e) Au revoir et merci.

Vous êtes secrétaire dans une société en Grande-Bretagne qui a une succursale* à Montpellier. Beaucoup d'employés de la société vont à Montpellier pour des voyages d'affaires et en vacances. Votre partenaire travaille dans l'office de tourisme à Montpellier. Vous lui téléphonez pour réserver une chambre d'hôtel. L'information écrite vous indique les besoins de vos employés.

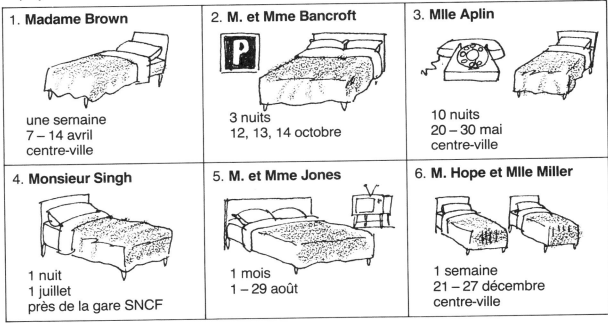

1. **Madame Brown**

une semaine
7 – 14 avril
centre-ville

2. **M. et Mme Bancroft**

3 nuits
12, 13, 14 octobre

3. **Mlle Aplin**

10 nuits
20 – 30 mai
centre-ville

4. **Monsieur Singh**

1 nuit
1 juillet
près de la gare SNCF

5. **M. et Mme Jones**

1 mois
1 – 29 août

6. **M. Hope et Mlle Miller**

1 semaine
21 – 27 décembre
centre-ville

*branch

Copiez le tableau ci-dessous. Dans les cases appropriées, écrivez le nom, l'adresse, le numéro de téléphone et le prix par nuit de l'hôtel qu'on vous donne à l'office de tourisme.

	Nom de l'hôtel	Adresse	Numéro de téléphone	Prix par nuit
1.				
2.				
3.				
4.				
5.				
6.				

On prend le métro

Préparation

| Je voudrais aller | à la/au/à l'......(+ *attraction*) |

| Quelle est la station de métro la plus proche? |

| Il faut | aller à................... | (+ *name of station*) |
| | descendre à .... | |

| Il faut prendre | quelle ligne? |
| C'est | quelle direction? |

Vous prenez	
Vous devez prendre	la ligne................... (+ *number*)
Il faut prendre	la direction .... (+ *name of end station*)

| C'est direct? |

| Non, il faut changer à......et prendre la direction...... |
| Non, il y a des correspondances à...... |

Dialogue

Touriste Pardon, je voudrais aller à l'Arc de Triomphe. Quelle est la station de métro la plus proche?

Employé(e) Il faut aller à Charles de Gaulle.

Touriste C'est quelle direction?

Employé(e) C'est direction Pont de Neuilly.

Touriste C'est direct?

Employé(e) Oui, c'est direct.

Touriste Bon. Merci bien.

Employé(e) Je vous en prie. Au revoir et bon séjour à Paris.

Vous êtes un(e) touriste qui passe des vacances à Paris. Vous voulez visiter les lieux les plus célèbres, donc vous allez au bureau d'information à la station de métro 'Concorde', où travaille votre partenaire. Les images vous montrent où vous voulez aller. Il faut demander la station la plus proche et comment vous y rendre.

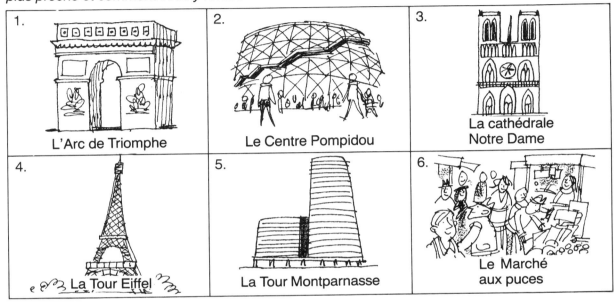

| 1. L'Arc de Triomphe | 2. Le Centre Pompidou | 3. La cathédrale Notre Dame |
| 4. La Tour Eiffel | 5. La Tour Montparnasse | 6. Le Marché aux puces |

Copiez le tableau ci-dessous. Dans les cases appropriées, écrivez les directions que votre partenaire vous a données.

Destination		Station de métro la plus proche	Comment s'y rendre:	
			ligne et direction	(ligne et direction)
1.				
2.				
3.				
4.				
5.				
6.				

On tombe en panne

Préparation

Je peux vous aider?

Ma voiture/moto est tombée en panne

Quel est votre problème?
Quelle sorte de panne?

J'ai un pneu crevé
Le pare-brise
Le tuyau d'échappement | est cassé
Le klaxon ne marche plus
Les essuie-glaces
Les freins | ne marchent pas

Vous êtes où?

Vous vous trouvez où?

A......kilomètres de......

Sur la Route Nationale......

Près de......

Quelle est la marque de votre voiture/moto?

C'est une......

De quelle couleur?

Elle est | rouge/jaune/blanche *etc.*

Quel est votre numéro d'immatriculation?

C'est......

Quel est votre nom?

Je m'appelle......

Quelqu'un sera là dans | un quart d'heure/une demi-heure
x minutes/heures

Dialogue

Employé(e) Allô. Ici le service de dépannage. Je peux vous aider?

Touriste Oui, ma voiture est tombée en panne.

Employé(e) Quelle sorte de panne?

Touriste J'ai un pneu crevé.

Employé(e) Vous vous trouvez où?

Touriste Sur la Route Nationale 10, à 20 kilomètres de Vendôme.

Employé(e) D'accord. Quelle est la marque de votre voiture?

Touriste C'est une Renault 4.

Employé(e) De quelle couleur?

Touriste Elle est rouge.

Employé(e) Quel est votre numéro d'immatriculation?

Touriste C'est RJO 675Y.

Employé(e) Bon. Quelqu'un sera là dans une demi-heure.

Touriste Merci bien. Au revoir.

Vous êtes un(e) touriste britannique qui voyage en France. Votre voiture/moto vient de tomber en panne. Votre partenaire travaille dans un garage. Vous lui téléphonez pour demander de l'aide. Les images vous montrent la marque, la couleur et le numéro d'immatriculation de votre voiture/moto, où elle se trouve et ce qui vous est arrivé.

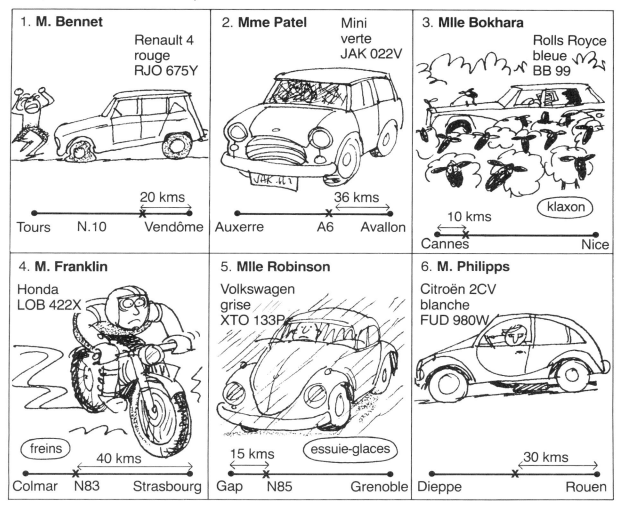

1. **M. Bennet** — Renault 4 rouge RJO 675Y — 20 kms — Tours N.10 Vendôme

2. **Mme Patel** — Mini verte JAK 022V — 36 kms — Auxerre A6 Avallon

3. **Mlle Bokhara** — Rolls Royce bleue BB 99 — klaxon — 10 kms — Cannes Nice

4. **M. Franklin** — Honda LOB 422X — freins — 40 kms — Colmar N83 Strasbourg

5. **Mlle Robinson** — Volkswagen grise XTO 133P — essuie-glaces — 15 kms — Gap N85 Grenoble

6. **M. Philipps** — Citroën 2CV blanche FUD 980W — 30 kms — Dieppe Rouen

Copiez le tableau ci-dessous. Dans les cases appropriées, écrivez pour combien de temps vous devez attendre le service de dépannage.

1.	2.	3.	4.	5.	6.

7 — On explique un accident de la route

Préparation

Quel est votre nom/prénom?

Je m'appelle......

Alors, qu'est-ce qui | s'est passé / est arrivé | exactement?

Je roulais | le long de la rue/de l'autoroute dans la voie vers...... (+ name of town) | de droite/la plus à gauche

J'étais au rond-point

J'allais | prendre la route pour...... / tourner à gauche/à droite

Je faisais marche-arrière......

......quand tout d'un coup | l'autre voiture | est sortie de cette rue-là / s'est mise dans la voie la plus à gauche / a fait marche-arrière aussi

la dame / le vélo | a commencé à traverser la rue / a commencé à tourner à droite

sans | clignoter/faire signe/faire attention/s'arrêter/regarder dans son rétroviseur

Je ne voulais pas l'écraser

Je ne pouvais pas m'arrêter à temps

J'ai heurté l'arbre

On | s'est heurté / s'est tamponné / a eu une collision

Vous rouliez à combien à l'heure?

Je roulais à environ | x kilomètres à l'heure

Je faisais du

Il y avait des témoins?

......(Name) a tout vu

Il me semble que | vous êtes (tous les deux) responsable(s) / l'autre conducteur est responsable

Le cycliste/l'autre conducteur / Vous | aurait dû / auriez dû | faire attention/clignoter / rouler moins vite/faire signe

Dialogue

Agent Alors, Monsieur. Calmez-vous. Quel est votre nom et votre prénom?

Touriste Je m'appelle Paul Edwards.

Agent Alors, qu'est-ce qui s'est passé exactement?

Touriste Eh bien, je roulais le long de la rue quand tout d'un coup l'autre voiture est sortie de cette rue-là sans s'arrêter. Je ne pouvais pas m'arrêter à temps, et on s'est heurté.

Agent Vous rouliez à combien à l'heure?

Touriste A environ 55 kilomètres à l'heure.

Agent Bon, il me semble que l'autre conducteur est responsable. Il aurait dû s'arrêter.

Vous êtes un(e) touriste qui vient d'avoir un accident de la route en France. Votre partenaire est un agent de police français qui veut savoir comment l'accident est arrivé. Les images vous montrent comment l'accident s'est produit, et s'il y a eu des témoins. La voiture que vous conduisiez est marquée par la lettre A. Les directions projetées sont marquées ainsi: — — — ▷

Attention: *N'oubliez pas qu'en France on roule à droite, mais qu'aux rond-points la priorité est normalement à gauche.*

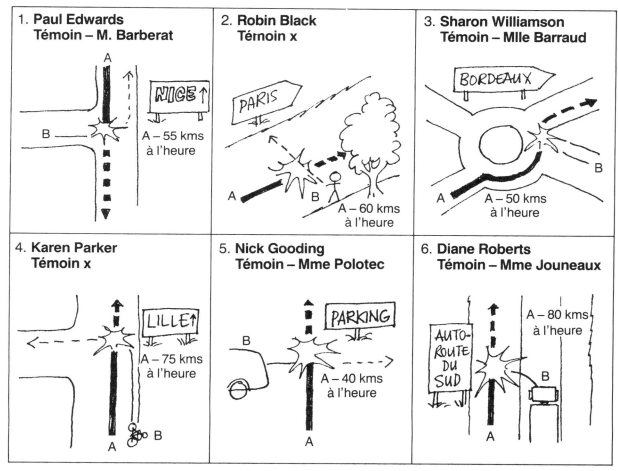

1. **Paul Edwards**
   Témoin – M. Barberat

   NICE↑

   A – 55 kms à l'heure

2. **Robin Black**
   Témoin x

   PARIS

   A – 60 kms à l'heure

3. **Sharon Williamson**
   Témoin – Mlle Barraud

   BORDEAUX

   A – 50 kms à l'heure

4. **Karen Parker**
   Témoin x

   LILLE↑

   A – 75 kms à l'heure

5. **Nick Gooding**
   Témoin – Mme Polotec

   PARKING

   A – 40 kms à l'heure

6. **Diane Roberts**
   Témoin – Mme Jouneaux

   A – 80 kms à l'heure

   AUTO-ROUTE DU SUD

Copiez le tableau ci-dessous. Dans les cases appropriées, cochez si l'agent de police décide que vous êtes responsable de l'accident. Si non, mettez une croix.

1.	2.	3.	4.	5.	6.

On arrive chez son correspondant/sa correspondante

Préparation

Bienvenue/on vous souhaite la bienvenue......en France

Tu es parti(e) à quelle heure?

Je suis parti(e) à | x heures/midi

Ça s'est bien passé le voyage?

La mer était | calme/agitée

C'était la première fois que je prenais | l'avion/l'aéroglisseur

C'était formidable

J'avais un peu peur

Il y avait | des embouteillages en ville/une grève de trains

L'avion *(etc.)* avait x heures de retard

J'ai failli manquer | le train *(etc.)*

J'ai dû prendre......

C'est pénible, ça

Tu dois être fatigué(e)

Tu as | besoin de quelque chose?
faim/soif?

Tu veux te laver les mains?

J'ai | très faim/soif
oublié ma serviette/ma trousse de toilette
promis de téléphoner à mes parents
perdu mon passeport
laissé......*(+ object)*......dans le bateau/le train

Est-ce que je peux téléphoner | à mes parents
à la police | ?
au consulat
au port

Bien sûr

Ne t'en fais pas

Il y a une serviette | dans...... *(+ room)*

Le téléphone est

Où est | ma chambre/la salle de bains *etc*?

C'est | la première/deuxième porte à gauche/à droite
au bout du couloir

Je peux te préparer ...... un sandwich/un café maintenant, si tu veux

On va tout de suite passer à table?

Dialogue

Hôte(sse) Bonjour. Bienvenue en France. Tu es parti(e) à quelle heure?

Invité(e) Je suis parti(e) à 6h30.

Hôte(sse) Ça s'est bien passé le voyage?

Invité(e) Oui, la mer était très calme.

Hôte(sse) Tu dois être fatigué(e) quand même. Tu as besoin de quelque chose? Tu as faim? Tu as soif?

Invité(e) Non, ça va, mais j'ai laissé mon manteau dans le bateau. Est-ce que je peux téléphoner à Sealink s'il vous plaît?

Hôte(sse) Bien sûr. Le téléphone est dans le salon. C'est la deuxième porte à gauche.

Invité(e) Merci, c'est très gentil.

Vous êtes un(e) jeune Anglais(e). Votre partenaire est votre correspondant(e) français(e). Vous venez d'arriver chez lui/elle pour y passer des vacances. Les images vous montrent les détails de votre voyage et quelque chose que vous avez à lui dire ou à lui demander.

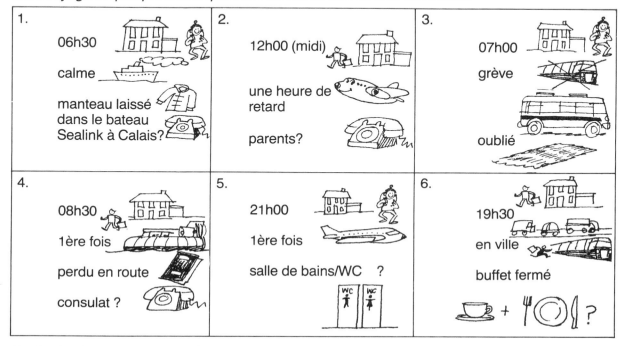

1. 06h30 / calme / manteau laissé dans le bateau Sealink à Calais?

2. 12h00 (midi) / une heure de retard / parents?

3. 07h00 / grève / oublié

4. 08h30 / 1ère fois / perdu en route / consulat ?

5. 21h00 / 1ère fois / salle de bains/WC ?

6. 19h30 / en ville / buffet fermé

Copiez le plan ci-dessous de l'appartement de votre partenaire. Au cours des conversations, votre partenaire va vous indiquer où se trouvent le salon, la salle de bains/WC, votre chambre et la cuisine. Marquez-les sur le plan.

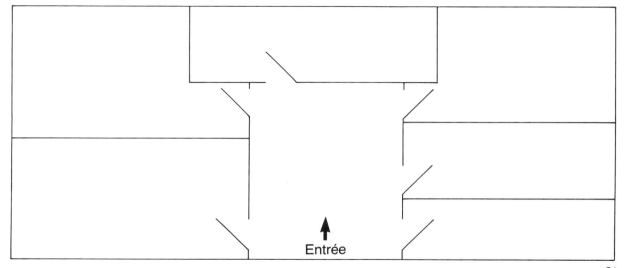

Entrée

21

On réagit à une nouvelle

Préparation

Quoi de neuf/de nouveau?

C'est mon anniversaire aujourd'hui

Tu as quel âge?

J'ai x ans

Qu'est-ce qu'on t'a offert?

Mes parents m'ont
Mon frère/ma sœur m'a

offert......

Je vais partir pour aller

à/en (+ place)

au mois de......

C'est formidable

En voiture/auto-stop etc.

Tu iras comment?

Tu y resteras combien de temps?

On va rester x jours

Tu logeras où?

Dans un hôtel/auberge de jeunesse

On a volé......

C'est affreux/dommage, ça

Il/elle était où?

Devant......(+ place)

Tu es allé(e) au commissariat de police?

Oui/non/pas encore

Je dois passer mon permis de conduire demain

Bonne chance!

C'est la première/deuxième fois (?)

Je l'ai déjà passé il y a......

Tu le passeras à quelle heure?

Martin(e) et moi, nous avons annoncé nos fiançailles

Félicitations!

Quand est-ce que vous allez vous marier?

Dans x mois/ans

J'ai rompu avec (+ name)

Condoléances

C'est triste/dommage, ça

Pourquoi? Tu ne t'entendais plus avec lui/elle?

Non, il/elle est trop

sérieux(euse)/studieux(euse)/bavard(e)/
orgueilleux(euse)/timide/vantard(e)

Tant pis

Dialogue

A Allô. Magdid Sharef à l'appareil.

B Allô Magdid. C'est Jean-Yves.

A Salut toi. Quoi de neuf?

B Oh, un événement extraordinaire: c'est mon anniversaire aujourd'hui!

A Tiens! Bon anniversaire. Alors, qu'est-ce qu'on t'a offert?

B Mes parents m'ont offert un Walkman.

A Chouette! Tu as quel âge maintenant?

B J'ai 14 ans.

A Bon. Eh bien, je te souhaite une bonne journée.

B Et toi, ça va?

A Oui, mais je dois passer mon permis de conduire demain...etc.

Votre partenaire est un(e) ami(e) français(e). Vous lui téléphonez pour parler de ce qui vous est arrivé récemment et de vos projets. Les images vous montrent les choses dont vous voulez lui parler.

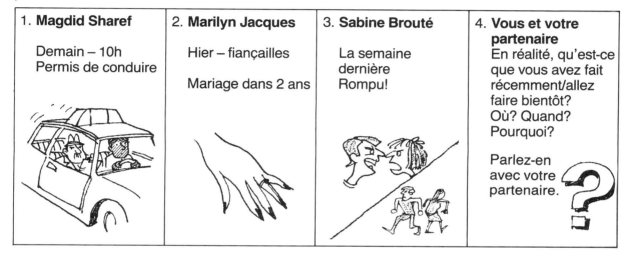

1. **Magdid Sharef**	2. **Marilyn Jacques**	3. **Sabine Brouté**	4. **Vous et votre partenaire**
Demain – 10h Permis de conduire	Hier – fiançailles Mariage dans 2 ans	La semaine dernière Rompu!	En réalité, qu'est-ce que vous avez fait récemment/allez faire bientôt? Où? Quand? Pourquoi? Parlez-en avec votre partenaire.

Pour chaque conversation, choisissez la carte qui convient le mieux à la nouvelle que votre partenaire annonce, copiez-la, et écrivez le nom de la personne dessus.

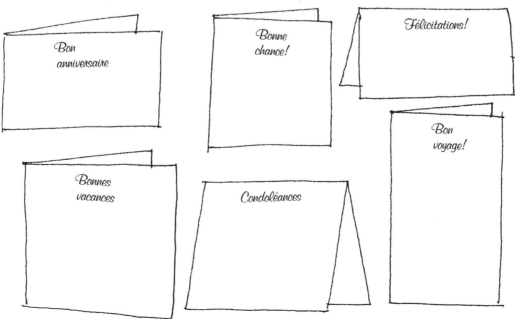

Bon anniversaire

Bonne chance!

Félicitations!

Bonnes vacances

Condoléances

Bon voyage!

On décrit ce qu'on fait le samedi

Préparation

| Qu'est-ce que | tu fais d'habitude / vous faites | le samedi | matin/après-midi/soir? |

Je me lève à x heures

Je m'habille

Je prends le déjeuner/petit déjeuner

| Puis Ensuite | je vais à la/au/aux 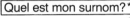 je fais...... j'écoute...... je lis...... je joue...... je regarde...... je dépense mon argent en...... | piscine/restaurant/magasins |

Est-ce que vous vous appelez......?

Quel est mon surnom?*

C'est......

gourmand = greedy

paresseux = lazy

vantard = boastful

*Surnom = nickname

Dialogue

A Qu'est-ce que vous faites d'habitude le samedi?

B Alors, je me lève vers 8 heures et j'écoute les informations à la radio.

A Et ensuite?

B Je prends le petit déjeuner à 9 heures, puis à 10 heures je vais à la bibliothèque.

A Et ensuite?

B Après le déjeuner je fais mes devoirs.

A Et qu'est-ce que vous faites le soir?

B Je lis un livre ou une pièce de théâtre.

A Est-ce que vous vous appelez Simon?

B Oui, alors, et dites-moi quel est mon surnom?

A C'est 'Simon le Studieux'.

Vous êtes un(e) invité(e) à une boum. Votre hôte(sse) vous a parlé un peu des autres invités qui sont illustrés avec leurs surnoms dans les images ci-dessous. Votre partenaire va jouer le rôle des invités que vous rencontrez. Vous leur demandez comment ils passent leur samedi d'habitude. Utilisez ce qu'ils vous disent pour deviner leur nom et leur caractère.

Georges (le Gourmand)	Suzanne (la Sportive)	Thomas (le Timide)
Rachel (la Riche)	Simon (le Studieux)	Vincent (le Vantard)
Pierre (le Paresseux)	Françoise (la Fanatique de musique)	Paulette (la Populaire)

Copiez le tableau ci-dessous. Ecrivez les noms des personnes que vous avez rencontrées à la boum.

Nom	Nom
1.	4.
2.	5.
3.	6.

On s'excuse

Préparation

j'ai renversé

| du café |
| la bouteille de vin |

sur le petit tapis

Je m'excuse, mais

j'ai laissé tomber

| les œufs |
| la tarte |

pour le dîner

| l'ordinateur |
| le sèche-cheveux |

et il ne marche plus

Ce n'est pas grave

Ça ne fait rien

Ne t'en fais pas

Mais si

Est-ce que je peux le/la/les		remplacer/faire réparer/faire nettoyer?

Si tu insistes

Il y a un/une		épicerie/pâtisserie/teinturerie/marchand de vin/
		magasin d'électro-ménager/magasin spécialisé en informatique

dans la rue......

C'est juste		en face de......
		à côté de......
		entre......et......

Bon, je vais y aller		tout de suite/demain/cet après-midi

C'est très gentil

Dialogue

A Je m'excuse, mais j'ai renversé du café sur le petit tapis.

B Ce n'est pas grave. Ne t'en fais pas.

A Mais si. Est-ce que je peux le faire nettoyer?

B Eh bien, si tu insistes. Il y a une teinturerie dans la rue St-Marc. C'est juste en face de l'église.

A Bon. Je vais y aller cet après-midi.

B C'est très gentil.

Vous êtes un(e) invité(e) en séjour chez une famille française. Votre partenaire est la mère/le père de la famille. Malheureusement vous avez eu un petit accident avec un des objets de la maison. Vous devez présenter vos excuses et offrir de remplacer, de faire réparer ou faire nettoyer l'objet. Les images vous montrent ce qui s'est passé.

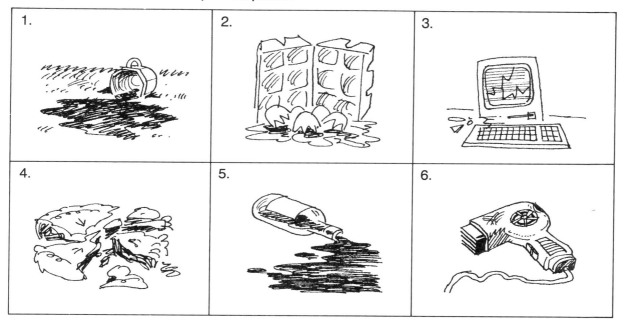

Copiez le tableau ci-dessous. Ecrivez où il faut aller dans la ville pour remplacer, faire réparer ou faire nettoyer l'objet.

	Magasin	Adresse	Situé(e)
1.			
2.			
3.			
4.			
5.			
6.			

On prend un message téléphonique

Préparation

| Allô, je voudrais parler à......(+ name)......s'il vous plaît |

| (Name)......est là? |

| C'est...... | | à l'appareil/ici |

| Il/elle | n'est pas là
vient de sortir
est allé(e) | à Paris/au cinéma/chez sa cousine |
reviendra à quelle heure?
sera de retour à | x heures, je crois |

| Je peux
Vous pouvez | | lui | | laisser
passer | | un message? |

| C'est de la part de qui? |

| C'est de la part de......(+ name) |

| Quel est votre numéro de téléphone? |

| C'est le...... |

| Dites-lui que/qu' | j'ai manqué
je viens de manquer | le bus/train |
je serai en retard pour......
j'arriverai vers x heures
il y aura | une boum chez......
une réunion...... |

la boum sera à......
selon la météo il neigera dans les Alpes et qu'on
pourrait y aller faire du ski |

| Je voulais savoir s'il/si elle voulait/pouvait venir avec moi/nous...... |

| D'accord, je lui passerai le message |

Dialogue

A Allô, je peux parler à Isabelle s'il vous plaît?

B Je suis désolé(e), elle n'est pas là. Elle vient juste de sortir.

A Elle reviendra à quelle heure?

B Vers 5 heures et demie, je crois. Elle est allée au supermarché.

A Ah bon. Alors, vous pouvez lui laisser un message?

B Bien sûr, c'est de la part de qui?

A C'est de la part de Claire. Dites-lui que j'ai manqué le bus et que je serai en retard pour notre rendez-vous au café à 6 heures. J'arriverai vers 7 heures, je crois.

B Bon, et quel est votre numéro de téléphone?

A C'est le 29.31.86.

B Je note ça. Alors, le message est pour Isabelle. C'est de la part de Claire, et j'ai écrit: 'manqué bus. Café à 7 heures.' C'est bien, ça?

A Oui, c'est ça.

B Vous pourriez répéter votre numéro de téléphone, s'il vous plaît?

A Oui, c'est le 29.31.86.

B Bon, d'accord. Je lui passerai le message.

A Merci. Au revoir.

On prend un message téléphonique

Vous êtes un(e) Anglais(e) en séjour chez la famille Joubert en France. Votre partenaire téléphone et demande de parler à un membre de la famille qui n'est pas là. Vous devez prendre un message. L'information écrite vous indique où la personne est allée et à quelle heure elle reviendra.

La famille Joubert	**Où il/elle est allé(e)**	**L'heure du retour**
Isabelle	supermarché	17h30
Kader	chez sa cousine	23h00
M. Joubert	Paris	20h00
Béatrice	bowling	23h30
Luc	chez le coiffeur	18h30
Mme Joubert	chez le dentiste	18h00

Copiez le tableau ci-dessous. Dans les cases appropriées, écrivez le nom de la personne demandée, et le nom de la personne qui téléphone, leur message et leur numéro de téléphone.

Personne demandée		Personne qui téléphone	Message	Numéro de téléphone
1.				
2.				
3.				
4.				
5.				
6.				

13   On fixe un rendez-vous

Préparation

On sort ensemble   la semaine prochaine?

Tu es libre   quand? / lundi/mardi *etc.*?

Oui, je suis libre   lundi/mardi *etc.*

à la/au......
regarder   la télé
jouer au......
aller chez
rendre visite à......

Non, je vais   faire du camping avec......
passer le week-end chez......
dîner chez......

Non,   *(name)*......vient chez nous

Alors, on va où?

Si on allait à......?

Tu as envie d'/de
Tu veux   aller à la/au......?
Oui, je veux bien   voir......? *(+ spectacle)*
Moi, j'aimerais mieux

Je n'aime pas tellement   la cuisine chinoise
les films d'horreur/d'espionnage
les pièces de......

La séance commence   à quelle heure(?)
On se rencontre   à x heures(?)

On se retrouve   où?

Si on se retrouvait   devant le/la......(?) / à la/au......?

Bon, d'accord, et moi, je vais réserver   les places/une table

Je note ça dans mon agenda

Dialogue

A Alors, on sort ensemble la semaine prochaine?

B Oui, je veux bien. Tu es libre mercredi?

A Non, je vais au cinéma avec Marie. Et toi, tu es libre vendredi?

B Oui. Alors, on va où?

A Tu as envie d'aller au bowling?

B Non, j'aimerais mieux aller au théâtre. Tu veux voir 'le Roi Lear'?

A Non, je n'aime pas tellement les pièces de Shakespeare. Tu as envie de voir 'l'Atelier' à l'Odéon?

B Oui, d'accord. Alors, on se retrouve à quelle heure?

A Bon, ça commence à neuf heures moins le quart. Donc, si on se retrouvait devant le théâtre à huit heures et demie?

B D'accord, et moi je vais réserver les places.

A Bon, alors, je note ça dans mon agenda......vendredi, 'l'Atelier', 8h30 devant le théâtre Odéon.

Vous êtes un(e) jeune Anglais(e) en vacances en France. Votre partenaire est un(e) ami(e) français(e). Vous voulez sortir un soir ensemble la semaine prochaine. La rubrique des spectacles vous indique ce qu'il y a à faire, et l'agenda vous indique quand vous êtes libre.

92 ELYSEE POINT SHOW I
FESTIVAL JAMES BOND

92 ELYSEE POINT SHOW II
LE GENDARME ET LES extra terrestres

92 ELYSEE POINT SHOW III
LA VENGEANCE D'UN ACTEUR

Séances: 15h00, 18h00, 20h30, 22h15

203 **KINOPANORAMA** 15c

SUR ÉCRAN GÉANT
LE CID
Séances: 16h30, 19h45 22h20

O D E O N
THEATRE NATIONAL

du 18 avril au 3 juin

l'atelier

de Jean-Claude GRUMBERG
mise en scène
Maurice BÉNICHOU, Jean-Claude GRUMBERG et Jacques ROSNER
avec la participation du
JEUNE THÉÂTRE NATIONAL
à 20h45

SALLE
LOUIS JOUVET

JEAN MARAIS
LE ROI LEAR
WILLIAM SHAKESPEARE
à 20h30

Cette semaine à Paris...

les **3 moutons**
SALLE CLIMATISÉE
Fermé dimanche

GRILLADES D'AGNEAU
63, av. Franklin-Roosevelt (8e).225.26.95

Nouveau chinois à l'Etoile
ETOILE DU BONHEUR
25, av. de Wagram. 755.64.69
SPÉCIALITÉS CHINOISES et VIETNAMIENNES
CADRE LUXUEUX et ELEGANT
salle climatisée – T.l.j.

bowlings

BOWLING DE CERGY-PONTOISE, centre commercial des Trois-Fontaines. 030.50.30. 12 pistes. T.l.j. de 11 h à 1 h du matin

GRAND REX
CYCLONE
"UNE VILLE FUT RASÉE DE LA CARTE DU MONDE"
Séances: 14h30, 17h30, 20h00, 22h00

Copiez les agendas. A côté du jour convenu, écrivez où vous irez. Puis ajoutez à quelle heure et où vous allez vous retrouver.

1.	2.	3.
LUNDI 'Superman' télé 20.15	LUNDI	LUNDI
MARDI	MARDI concert 20.30	MARDI
MERCREDI cinéma avec Marie 20.45	MERCREDI match de football télé 19.30	MERCREDI boum chez Isabelle
JEUDI	JEUDI	JEUDI
VENDREDI	VENDREDI	VENDREDI restaurant avec Alain
SAMEDI ⎫ week-end chez	SAMEDI disco 21.00	SAMEDI
DIMANCHE ⎰ Jean-Paul	DIMANCHE	DIMANCHE

31

Préparation

Je m'excuse d'avoir été absent(e), mais......

| Je me suis | coupé/brûlé foulé | le pied/bras la main/jambe/cheville |

Qu'est-ce que tu faisais?

| J'étais | à la plage *etc.* |

| Je faisais | du ski/patinage *etc.* bouillir du lait *etc.* |

| Je coupais | des tomates *etc.* |

| Je marchais | pieds nus |

| Je repassais | ma chemise *etc.* |

| Quand | ma main a glissé j'ai glissé et je suis mal tombé(e) j'ai marché sur...... |

Et voilà!

C'est pénible/malheureux/dommage, ça

Ça te fait toujours mal?

| Oui, surtout quand | je marche dessus je le/la bouge j'appuie dessus |

| Tu devais | me rendre tes devoirs jouer au match *etc.* participer à la course être dans l'équipe | demain dans x jours *etc.* |

Tu seras toujours capable de le faire?

Le médecin m'a dit	qu'il allait enlever	les points (de suture) le plâtre	dans une semaine dans un mois
	que je dois porter le/la	le pansement/le bras en écharpe laisser reposer	pendant x jours (encore)
	que je ne dois pas	trop marcher/appuyer dessus le/la bouger	

Après, ça ira

| Donc tu (ne) pourras (pas) | jouer au match *etc.?* |

Tant pis/mieux!

Je vais demander à *(+ name)* de te remplacer

| Tu peux me les rendre | la semaine prochaine *etc.* |

Dialogue

Professeur Alors, Francine?

Francine Je m'excuse d'avoir été absente, mais je me suis coupé le pied.

Professeur Qu'est-ce que tu faisais?

Francine Eh bien, j'étais à la plage et je marchais sur le sable pieds nus quand j'ai marché sur un morceau de verre brisé . . . et voilà.

Professeur C'est malheureux ça. Ça te fait toujours mal?

Francine Oui, surtout quand je marche dessus.

Professeur Eh bien, tu devais partir en excursion en Angleterre dans deux semaines. Tu seras toujours capable de le faire?

Francine Le médecin m'a dit que je ne dois pas trop marcher dessus pendant une semaine, mais après ça ira.

Professeur Alors, tu pourras y aller. Tant mieux!

Vous êtes un(e) élève dans un collège. Votre partenaire est votre professeur. Vous devez lui expliquer pourquoi vous avez été absent(e). Les images vous montrent la raison. En plus, votre professeur veut savoir si vous serez toujours capable de faire quelque chose et vous devez lui répondre selon l'avis de votre médecin.

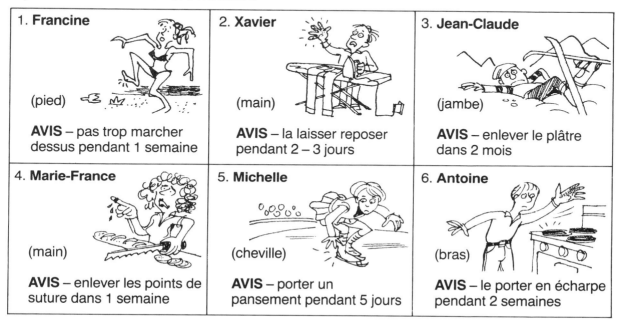

1. Francine

(pied)

AVIS – pas trop marcher dessus pendant 1 semaine

2. Xavier

(main)

AVIS – la laisser reposer pendant 2 – 3 jours

3. Jean-Claude

(jambe)

AVIS – enlever le plâtre dans 2 mois

4. Marie-France

(main)

AVIS – enlever les points de suture dans 1 semaine

5. Michelle

(cheville)

AVIS – porter un pansement pendant 5 jours

6. Antoine

(bras)

AVIS – le porter en écharpe pendant 2 semaines

Copiez le tableau ci-dessous. Dans les cases appropriées, cochez si vous serez capable de satisfaire à vos engagements. Si non, mettez une croix et écrivez ce que votre professeur propose comme solution.

Nom	Engagement ✓/✗	Solution proposée
Francine		
Xavier		
Jean-Claude		
Marie-France		
Michelle		
Antoine		

On décrit les centres de vacances

Préparation

Tu es déjà allé(e) à/en......?

| J'étais là |
| J'y suis allé(e) |

| il y a x ans |
| en......(+ date) |

Qu'est-ce que tu en as pensé?

La publicité

| le climat est | doux/agréable *etc.* |

| la vie nocturne est | animée |

| la côte est | magnifique/rocheuse |

| les auberges/restaurants sont | pittoresques/excellent(e)s |

| les hôtels/plages sont | propres/bien aménagé(e)s |

| ...... c'est un(e) joli(e) | port/village/ville |

| On dit que/qu'...... |
| Les brochures disent que/qu'...... |

c'est seulement à x kms de la mer | à pied/en voiture |

| il y a | très peu de
beaucoup de
tout pour | touristes/discos/pistes

le sportif/les enfants/les jeunes |

un casino/une piscine (couverte/en plein air)

un camping situé......

| il fait toujours | beau/du soleil |

| on peut faire | du ski nautique/d'été |

C'est vrai?

La réalité

| Alors, quand | j'y suis allé(e)
j'y étais, |

| le/la......était......fermé(e) *etc.* |

| les......étaient......sales/chers/chères *etc.* |

| il n'y avait rien | pour les adultes/les jeunes
à faire à part...... |

| il faisait | presque trop chaud |

il pleuvait toute la journée

C'est devenu très touristique

Eh bien , tu as toujours envie d'y aller?

Alors, tu iras finalement?

Non, je ne pense pas/Non, ça ne vaut pas la peine d'y aller

Je ne sais pas

| Peut-être, | c'est tout près de......
c'est...... | quand même |

Heureusement que tu m'as prévenu(e)

Dialogue

A Tu es déjà allé(e) à Belleville?

B Oui, j'y suis allé(e) il y a deux ans.

A Qu'est-ce que tu en as pensé? On dit que les plages sont bien aménagées, les restaurants excellents et que la vie nocturne est très animée.

B Oui, mais tu sais, quand j'y étais, les plages étaient sales et les restaurants très chers. C'est devenu trop touristique, je crois.

A Ah bon, c'est intéressant, ça!

B Tu as toujours envie d'y aller?

A Non, je ne pense pas. Heureusement que tu m'as prévenu(e)!

Vous êtes en train de décider où en France vous allez passer vos vacances. Il y a six villes qui vous attirent. Les extraits des dépliants vous indiquent les attractions de chaque ville. Votre partenaire est un(e) ami(e) français(e) qui connaît bien la France. Vous lui demandez son avis.

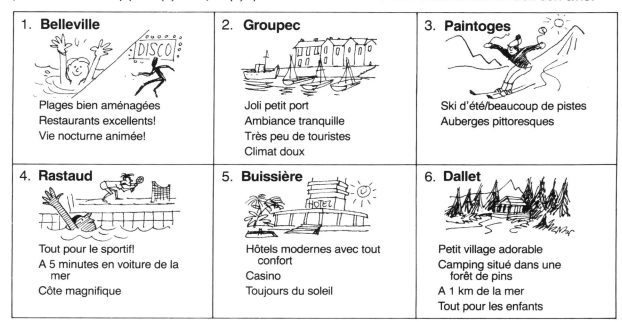

1. Belleville

Plages bien aménagées
Restaurants excellents!
Vie nocturne animée!

2. Groupec

Joli petit port
Ambiance tranquille
Très peu de touristes
Climat doux

3. Paintoges

Ski d'été/beaucoup de pistes
Auberges pittoresques

4. Rastaud

Tout pour le sportif!
A 5 minutes en voiture de la mer
Côte magnifique

5. Buissière

Hôtels modernes avec tout confort
Casino
Toujours du soleil

6. Dallet

Petit village adorable
Camping situé dans une forêt de pins
A 1 km de la mer
Tout pour les enfants

Copiez le tableau ci-dessous. A côté de chaque ville notez les avantages et les inconvénients. Cochez si vous voulez toujours y aller et mettez une croix si vous ne voulez pas. Ajoutez où vous décidez finalement d'aller.

	Ville	Avantages	Inconvénients	Envie d'y aller?
1.	Belleville			
2.	Groupec			
3.	Paintoges			
4.	Rastaud			
5.	Buissière			
6.	Dallet			
Décision finale:				

On explique les actualités régionales

Préparation

J'ai entendu parler du/d'

un grand incendie
une victoire pour St. Etienne
mariage d'une grande vedette

Oui, c'est vrai

Je l'ai vu(e) | à la télé
dans le journal

Ça s'est passé | quand?
où?

Hier matin/hier après-midi
Cet après-midi

A......(+ place)

C'est affreux/formidable/intéressant, ça

L'incendie dans une fabrique de pneus

L'incendie a commencé comment/où?

On pense que quelqu'un a......

On ignore exactement comment/où

Il y a eu beaucoup de blessés/morts?

x personnes ont été blessées/sont mortes
Personne n'est blessé/mort

Il y avait combien de pompes/pompiers?

Il y en avait......

Victoire sur le terrain de football

C'était un bon match?

C'était......

Ils jouaient | contre quelle équipe?
Ils vont jouer | contre (?) (+ name)

Quel était le score?

Qui | a marqué les buts(?)
(Name)

Mariage d'une vedette

Qui est-ce, cette vedette?

C'est une star/un(e) acteur(trice)/un(e) chanteur(euse) dans le monde de......

Elle s'est mariée avec qui?

Qu'est-ce qu'il/elle fait dans la vie?

Il/elle est......

Est-ce qu'il y avait beaucoup de personnes célèbres au mariage?

Name(s)......était/étaient là(?)

Où vont-ils passer leur voyage de noces?

Ils vont | à......
en......

Dialogue

A Dis, j'ai entendu parler d'un grand incendie dans une fabrique de pneus. Ça s'est passé où et quand?

B A Clermont-Ferrand, hier soir. Je l'ai vu dans le journal.

A C'est affreux, ça. Il y a eu beaucoup de morts ou de blessés?

B Non, heureusement tous les employés avaient déjà quitté la fabrique.

A Et l'incendie, il a commencé où?

B A la cantine, paraît-il, mais on ignore comment.

A Il y avait combien de pompes à incendie?

B Il y en avait dix. Elles sont venues de tous les quartiers de la ville.

Vous êtes un(e) Anglais(e) en France. Vous avez entendu parler d'un événement récent dans la région, et vous voulez avoir plus de détails. Votre partenaire est un(e) ami(e) français(e) qui a lu les journaux et est plus au courant. Les images vous montrent les événements.

Copiez le tableau ci-dessous. Dans la colonne appropriée, écrivez des détails sur chaque événement.

1. **L'incendie**	2. **Le match de football**	3. **Le mariage**
Où?	Quand?	Qui?
....	....	....
Quand?	Contre qui?	Quand?
....	....	....
Victimes?	Score?	Avec qui?
....	....	....
Commencé où?	Qui a marqué les buts?	Profession?
....	....	....
Combien de pompes?	Prochain match?	Voyage de noces?
....	....	....

On explique les actualités internationales

Préparation

| J'ai entendu parler d' | un détournement d'avion
un enlèvement
un attentat contre le président de...... |

Oui, c'est vrai

Je l'ai vu dans le journal

| Ça s'est passé | quand/où/comment? |

Ce matin/cet après-midi

A......(+ *place*)

C'est affreux/formidable/intéressant, ça

Détournement dramatique

C'est un avion de quelle compagnie?

Il y a combien de pirates de l'air?

Combien de passagers y a-t-il?

Il y en a......

Il y a beaucoup de blessés/morts?

Qu'est-ce qu'ils exigent?

Ils exigent......

Enlèvement du fils d'un milliardaire

Qui est-ce, ce milliardaire?

Il a été enlevé comment?

| Il allait
En allant | à...... |

| Les kidnappeurs exigent | combien?
x francs |

Attentat contre le président

| C'est | quel président?
le président de...... |

Il est mort/blessé?

Le coupable a été arrêté?

Dialogue

A Tiens! J'ai entendu parler d'un détournement d'avion.

B Oui, c'est vrai. Je l'ai vu dans le journal.

A Alors, ça s'est passé quand?

B Ce matin.

A C'est un avion de quelle compagnie?

B C'est un Boeing de la compagnie italienne, Al Italia.

A Il y a combien de pirates de l'air?

B Il y en a trois, paraît-il.

A Et combien de passagers à bord?

B Deux cent trente-sept.

A C'est affreux ça. Il y a des blessés?

B Non, pas jusqu'à présent.

A Qu'est ce qu'ils exigent, les pirates de l'air?

B La libération du chef d'un groupe de l'extrême droite.

A L'avion a atterri où?

B A Istamboul.

A Les pauvres. J'espère que ça sera vite terminé.

Vous êtes un(e) Anglais(e) en France. Vous avez entendu parler d'une actualité importante et vous voulez avoir plus de détails. Votre partenaire est un(e) ami(e) français(e) qui a lu les journaux et est plus au courant. Les images ainsi que les titres des articles vous montrent les événements.

1. **Détournement dramatique**

2. **Enlèvement du fils d'un milliardaire**

3. **Attentat contre le président**

Copiez le tableau ci-dessous. Dans la colonne apropriée, écrivez des détails sur chaque événement.

1. Le détournement	2. L'enlèvement	3. L'attentat
Quand?	Qui?	Président?
....	....	....
Compagnie?	Quand?	Quand?
....	....	....
Combien de pirates?	Où?	Comment?
....	....	....
Combien de passagers?	Enlevé comment?	Morts/blessés?
....	....	....
On exige?	On exige?	Coupable arrêté?
....	....	....

On parle de sa vie à l'école

Préparation

Elle est comment ton école?

C'est
Je vais à

un C.E.S./un lycée
une école privée

Ce n'est pas
C'est

mixte(?)

Il/elle est

où(?)

dans la banlieue/au centre de la ville/à la campagne(?)

tout près
à x kms

de chez moi

Il y a combien d'élèves?

Il y en a x environ

Les cours commencent/finissent

à quelle heure?
à x heure(s)

Tu aimes ton école?

Je l'aime bien

Je ne l'aime pas

beaucoup/du tout

Pourquoi?

Parce que/qu'......

les profs. sont

sympas/trop sévères

les cours sont

intéressants/ennuyeux

on doit porter un uniforme (horrible)

j'ai

beaucoup d'ami(e)s
trop de devoirs à faire

il y a un règlement trop strict

Il n'y a pas de cours que tu aimes?

Quelles sont tes matières préférées?

Si, j'aime

le/la/les

Alors, tu seras triste de quitter l'école?

Oui, je serai assez triste
Non, je serai très content(e)

J'ai/tu as de la chance
C'est pénible/affreux/formidable, ça.

Dialogue

A Elle est comment ton école?

B C'est un C.E.S.

A Il est où?

B Dans la banlieue.

A Et il y a combien d'élèves?

B Euh . . . il y en a 1250 environ. Et toi? Tu vas où?

A Je vais dans une école privée, tout près de chez moi.

B C'est mixte?

A Non, malheureusement, et ton école?

B C'est mixte. Tu aimes ton école?

A Ah non! J'ai trop de devoirs à faire et on doit porter un uniforme horrible.

B Moi, j'ai de la chance. J'aime bien mon école. Les profs sont sympas et les cours sont intéressants.

A C'est bien, ça. Quelles sont tes matières préférées?

B La chimie et la physique, je crois. Et toi? Il n'y a quand même pas de cours que tu aimes?

A Bof . . . j'aime assez l'anglais et le commerce.

B Alors, tu ne seras pas triste de quitter l'école?

A Ah non! Au contraire! Je serai très content(e). Et toi?

B Moi, je serai assez triste.

On parle de sa vie à l'école

A17

Vous êtes un(e) jeune Anglais(e). Votre partenaire est un(e) ami(e) français(e). Vous discutez de vos écoles et de ce que vous en pensez. L'information écrite vous indique les détails de votre vie à l'école.

1. – école privée (pas mixte) (09h00 – 16h30) – tout près de chez moi – 800 élèves – trop de devoirs – uniforme horrible – anglais ♥ – commerce ♥ triste ☹ content(e) ☺ ✓	2. – C.E.S. mixte (09h10 – 15h30) – au centre de la ville – 950 élèves – profs. trop sévères – règlement trop strict – anglais ♥ – travaux sur bois ♥ – travaux sur métal ♥ ♥ – dessin ♥ triste ☹ content(e) ☺ ✓	3. – C.E.S. mixte (08h40 – 15h40) – dans la banlieue – 1 500 élèves – profs. très sympas. – cours intéressants – maths ♥ ♥ – travaux manuels ♥ – éducation physique ♥ ♥ triste ☹ ✓ content(e) ☺

Copiez le tableau ci-dessous. Dans les cases appropriées, écrivez les détails que votre partenaire vous donne. Si vous pouviez choisir entre les six écoles, où iriez-vous?

Genre d'école	Nombre d'élèves	Avantages	Inconvénients
4.			
5.			
6.			

Ecole préférée?

On parle de sa vie chez soi

Préparation

Tu t'entends bien avec tes parents?

| Je m'entends bien
Je ne m'entends pas bien | avec eux/ma mère/mon père |

| Mon père/ma mère est
Il/elle est | (très/trop) | libéral(e)/sévère/protecteur(trice)/ferme/
autoritaire/moderne/gentil(le)/généreux(euse) |

| Mes parents sont | divorcés/toujours hors de la maison |

| Ils (ne) s'intéressent (pas) | à moi/à mes ami(e)s/à mes problèmes |

| Tu peux
Tu ne peux pas | faire tout ce que tu veux? |

Je peux Je ne peux pas J'ai le droit de Je n'ai pas le droit de Il/elle me laisse Ils me laissent Il/elle ne me laisse pas Ils ne me laissent pas	sortir	quand je veux/pendant la semaine/ avec un garçon/une fille
	fumer/boire de l'alcool (en modération)	
	rentrer	après x heures/à pied
	m'habiller comme je veux	
	fréquenter qui je veux	
	partir en vacances tout(e) seul(e)	
	inviter des ami(e)s chez moi	

Moi aussi

Moi non plus

Tu as beaucoup à faire à la maison?

Je dois (seulement) Je suis obligé(e) de/d'	garder	ma chambre (bien) rangée
	m'occuper de	mes frères et sœurs mon grand-père/ma grand-mère
	faire la vaisselle/le ménage	
	aider mon père/ma mère dans la maison	

J'ai/tu as de la chance

Je n'ai pas/tu n'as pas de chance

C'est pénible/affreux/formidable, ça

| Chez moi c'est | l'inverse/la même chose |

| Je pense que c'est/ce n'est pas | raisonnable |

| Après tout, on est | presque adulte/toujours jeune |

Dialogue

A Tu t'entends bien avec tes parents?

B Non. Je ne m'entends pas bien avec eux. Mon père est très autoritaire et ma mère est très sévère aussi. Ils ne s'intéressent pas à mes problèmes.

A Tu ne peux pas faire ce que tu veux alors?

B Ah non! Je ne peux pas sortir avec un garçon et je n'ai pas le droit de rentrer après 10 heures. Et toi?

A J'ai de la chance, moi. Mon père est très libéral et ma mère est très gentille. Je peux sortir quand je veux et m'habiller presque comme je veux aussi.

B Tu as beaucoup à faire à la maison?

A Eh bien, je dois garder ma chambre bien rangée et faire la vaisselle de temps en temps.

B Tu as de la chance. Je dois toujours m'occuper de ma grand-mère. Elle habite chez nous.

A Oui, ça doit être pénible. Après tout, on est toujours jeune.

Vous êtes un(e) jeune Anglais(e) en vacances en France. Votre partenaire est un(e) ami(e) français(e). Vous discutez de vos parents. L'information écrite vous indique le caractère de vos parents, vos droits et vos responsabilités.

1. **parents**	2. **parents**	3. **parents**
père – libéral mais ferme mère – gentille	père – sévère mère – généreuse mais trop protectirice	père ⎫ toujours hors de la mère ⎭ maison
droits quand je veux (dois rentrer avant 23h00) m'habiller presque comme je veux	**droits** pendant la semaine	**droits** fréquenter qui je veux
responsabilités garder la chambre rangée	**responsabilités** aider mère à la maison	**responsabilités** garder frères et sœurs

Copiez le tableau ci-dessous. Vous pouvez exprimer votre propre avis maintenant. Choisissez entre votre vie à la maison et la vie de votre partenaire. Dans la case appropriée écrivez A si vous préférez la vie ou les parents ci-dessus. Ecrivez B si vous préférez la vie ou les parents de votre partenaire.

1.	2.	3.

On parle de la façon de vivre ailleurs

Préparation

Tu es déjà allé(e)		en Afrique du Nord?

aux Etats-Unis?

Oui, j'y suis allé(e) en | 1983 *etc.*

Qu'est-ce que tu en | as pensé?

penses?

(En général), | j'ai beaucoup aimé | la façon d'y vivre

je n'ai pas beacoup aimé

Je trouve que......

J'ai l'impression que......

Ce qui est bien, c'est que......

Les gens y | sont | très accueillants/polis

toujours trop pressés

prennent toujours la vie trop au sérieux

Le coût de la vie est
Le transport est | plus/moins cher(s) qu'en France/Grande-Bretagne
Les restaurants sont

Le rythme de vie/l'atmosphère est | plus/moins décontracté(e) | qu'en France/Grande-Bretagne

La mode est | plus/moins élégante qu'en France/Grande-Bretagne

La vie est | trop violente

La vie des jeunes
La nourriture
La musique pop | est | formidable(s)/affreux(se, s) *etc.*
Le climat
Les émissions de télé
Les écoles | sont

Il (n') y a | trop/pas assez de discipline

On travaille plus dur | qu'en France/Grande-Bretagne

La seule chose que | j'ai appréciée, | c'est que...

je n'ai pas appréciée,

On peut | y vivre dehors *etc.*

C'est | vrai(?)

une question de goût/d'habitude

Dialogue

A Tu es déjà allé(e) en Afrique du Nord?

B Oui, j'y suis allé(e) en 1983

A Qu'est-ce que tu en as pensé?

B En général, j'ai beaucoup aimé la façon d'y vivre. La nourriture est formidable, surtout le couscous.

A Oui, c'est vrai, et les restaurants sont beaucoup moins chers qu'en Grande-Bretagne.

B Oui, en général le coût de la vie est moins cher qu'en France aussi.

A Moi, je trouve que les gens y sont très accueillants.

B Oui, j'ai l'impression que le rythme de vie est beaucoup plus décontracté qu'en France.

A Et ce qui est bien, c'est qu'on peut y vivre dehors.

B C'est vrai, et ça fait une grande différence.

Vous êtes un(e) jeune Anglais(e). Votre partenaire est un(e) jeune Français(e). Vous parlez de la façon de vivre dans des pays différents. L'information écrite vous indique où vous êtes allé(e), quand, et ce que vous pensez de leur façon de vivre.

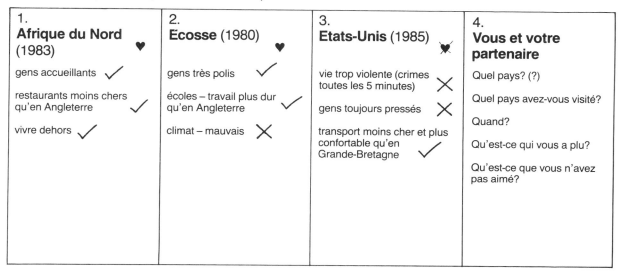

1. **Afrique du Nord** (1983) ♥	2. **Ecosse** (1980) ♥	3. **Etats-Unis** (1985) ♥	4. **Vous et votre partenaire**
gens accueillants ✓	gens très polis ✓	vie trop violente (crimes toutes les 5 minutes) ✗	Quel pays? (?)
restaurants moins chers qu'en Angleterre ✓	écoles – travail plus dur qu'en Angleterre ✓	gens toujours pressés ✗	Quel pays avez-vous visité?
vivre dehors ✓	climat – mauvais ✗	transport moins cher et plus confortable qu'en Grande-Bretagne ✓	Quand?
			Qu'est-ce qui vous a plu?
			Qu'est-ce que vous n'avez pas aimé?

Copiez le tableau ci-dessous. Pour chaque pays où votre partenaire a voyagé, notez les avantages et les inconvénients selon lui/elle de leur façon de vivre.

Pays	Avantages	Inconvénients
1. Afrique du Nord		
2. Ecosse		
3. Etats-Unis		
4. Autre pays		

On demande conseil (problèmes personnels)

Préparation

Qu'est-ce qu'il y a?

Je ne sais pas quoi faire

Pourquoi?

Le problème

Je viens de/d'

(1) apprendre que mon petit ami/ma petite amie sort avec un(e) autre
(2) me disputer avec mon meilleur ami/ma meilleure amie
(3) être invité(e) à partir en vacances avec mon petit ami/ ma petite amie, mais.....

Je ne sais pas

s'il faut	me reconcilier avec lui/elle
	rompre avec lui/elle
s'il vaut mieux	continuer à sortir avec lui/elle
si je devrais	chercher un(e) autre ami(e)
	partir seul(e) avec lui/elle

(A ton avis) qu'est-ce que je devrais faire?

Quelques conseils

Je crois qu'il faut Je pense que tu devrais	faire ce que tu veux rompre avec lui/elle chercher un(e) autre oublier cette personne
Je pense qu'il vaut la peine de/d'	bien réfléchir considérer les conséquences attendre un peu

C'est à toi de décider

A ta place je/j'	continuerais à sortir avec lui/elle trouverais un(e) autre ami(e) essayerais de me reconcilier avec lui/elle irais avec lui/elle attendrais un peu

La décision

Je crois que tu as raison/tort

Je ne suis pas d'accord

Tu es trop | traditionnel(le)/prudent(e)/têtu(e)/généreux(euse)/ impulsif(ve)

Je pense que je vais......quand même

Dialogue

B Qu'est-ce qu'il y a? Tu as vraiment l'air déprimé!

A Je ne sais pas quoi faire.

B Pourquoi?

A Je viens d'apprendre que mon petit ami/ma petite ami(e) sort aussi avec un(e) autre! A ton avis, qu'est-ce que je devrais faire?

B Alors, moi, je crois que la fidélité est très importante, donc s'il/si elle continue à sortir avec l'autre, à ta place je romprais avec lui/elle. Je crois qu'il vaut mieux chercher un(e) autre ami(e).

A Je ne sais pas. Tu es trop impulsif(ve), toi. Non, je pense que je vais continuer à sortir avec lui/elle.

Vous êtes une jeune personne et votre partenaire est un(e) ami(e) à qui vous demandez conseil. L'information écrite et les images vous indiquent le problème que vous devez résoudre.

1.	2.	3.
Vous venez d'apprendre que votre petit(e) ami(e) sort aussi avec un(e) autre. Qu'est-ce que vous devriez faire?	Vous venez de vous disputer avec votre meilleur ami/votre meilleure amie. Qu'est-ce que vous devriez faire maintenant?	Votre petit ami/petite amie vous a invité(e) à partir en vacances avec lui/elle. Vos parents disent que vous êtes trop jeune. Que faire?

Copiez le tableau ci-dessous. Dans les cases appropriées, écrivez d'abord le conseil que vous offre votre partenaire. Ensuite, cochez si vous êtes d'accord, et mettez une croix si vous n'acceptez pas les conseils.

	Conseil	√/✗
1.		
2.		
3.		

On demande conseil (autres problèmes)

Préparation

Qu'est-ce qu'il y a?

Je ne sais pas quoi faire

Pourquoi?

Le problème

(1) Je viens de gagner x francs à la loterie
(2) On m'a convoqué * à......
(3) Quelqu'un m'a offert un poste dans une entreprise

*convoquer = *to call for interview*

| Je ne sais pas | s'il faut / si je devrais / s'il vaut mieux | tout dépenser | en allant en vacances / en achetant une stéréo / en achetant des vêtements |

l'épargner
m'habiller

comme je veux
très correctement

prendre le poste
passer les examens
rester à l'ecole

Quelques conseils

Je crois qu'il faut
Je pense qu'il vaut la peine de
Je pense que tu devrais

tout dépenser
mettre de l'argent de côté
prendre des risques
prévoir des problèmes
porter ce que tu veux/des vêtements convenables
bien réfléchir

A ta place je/j'

dépenserais / épargnerais / m'habillerais — l'argent / correctement / comme je veux

accepterais le poste
resterais à l'école

La décision

Je crois que tu as raison/tort

Je ne suis pas d'accord

Tu es trop sérieux(se)/prudent(e)/traditionnel(le)
Je pense que je vais......   (quand même)

Dialogue

B Qu'est-ce qu'il y a? Tu as vraiment l'air inquiet.

A Je ne sais pas quoi faire.

B Pourquoi?

A Je viens de gagner 1000 francs à la loterie et je ne sais pas s'il faut tout dépenser en achetant des vêtements et une stéréo, ou s'il vaut mieux l'épargner.

B Moi, je pense qu'il faut prendre la vie au sérieux. Ça vaut toujours la peine de mettre de l'argent de côté.

A Oui, mais toi, tu es trop prudent(e). Je crois que tu as tort. Je vais acheter une nouvelle stéréo quand même.

Vous êtes une jeune personne et votre partenaire est un(e) ami(e) à qui vous demandez conseil. L'information écrite et les images vous indiquent le problème que vous devez résoudre.

1.

Vous venez de gagner 1000 francs à la Loterie Nationale. Vous ne savez pas s'il faut tout dépenser ou s'il vaut mieux l'épargner.

2.

Vous venez d'être convoqué(e) pour un poste. Vous ne savez pas s'il vaut mieux vous habiller très correctement, ou exactement comme vous voulez.

3.

Quelqu'un vous a offert un poste dans une entreprise. Vous ne savez pas s'il faut le prendre, ou s'il vaut mieux rester à l'école pour passer les examens.

Copiez le tableau ci-dessous. Dans les cases appropriées, écrivez d'abord le conseil que vous offre votre partenaire. Ensuite, cochez si vous êtes d'accord et mettez une croix si vous n'acceptez pas les conseils.

	Conseil	✓ / ✗
1.		
2.		
3.		

TU PARLES ENCORE?

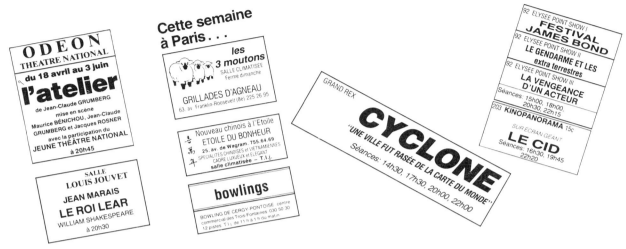

ODEON
THEATRE NATIONAL
du 18 avril au 3 juin
l'atelier
de Jean-Claude GRUMBERG
mise en scène
Maurice BÉNICHOU, Jean-Claude
GRUMBERG et Jacques ROSNER
avec la participation du
JEUNE THÉÂTRE NATIONAL
à 20h45

SALLE
LOUIS JOUVET
JEAN MARAIS
LE ROI LEAR
WILLIAM SHAKESPEARE
à 20h30

Cette semaine
à Paris...

les 3 moutons
SALLE CLIMATISÉE
Fermé dimanche
GRILLADES D'AGNEAU
63. av. Franklin-Roosevelt (8e) 225 26.95

Nouveau chinois à l'Etoile
ETOILE DU BONHEUR
25. av. de Wagram. 755.64.69
SPECIALITES CHINOISES et VIETNAMIENNES
CADRE LUXUEUX et ELEGANT
salle climatisée — T.l.j.

bowlings
BOWLING DE CERGY-PONTOISE. centre
commercial des Trois Fontaines. 030 50 30
12 pistes T.l.j. de 11 h à 1 h du matin

GRAND REX
CYCLONE
"UNE VILLE FUT RASÉE DE LA CARTE DU MONDE"
Séances: 14h30, 17h30, 20h00, 22h00

92 ELYSEE POINT SHOW I
FESTIVAL JAMES BOND
92 ELYSEE POINT SHOW II
LE GENDARME ET LES extra terrestres
92 ELYSEE POINT SHOW III
LA VENGEANCE D'UN ACTEUR
Séances: 15h00, 18h00, 20h30, 22h15
203 KINOPANORAMA 15c
SUR ÉCRAN GÉANT
LE CID
Séances: 16h30, 19h45, 22h20

VOUS ECRIVEZ, VOUS IMAGINEZ, VOUS INVENTEZ

Follow-up activities

1.

Incendie dans une fabrique de pneus

Deux pompiers sont morts et trois ont été
un incendie dans une fabrique de pneus à
soir. Dix pompes à incendie sont venues d
la ville pour maîtriser l'incendie.
L'incendie a commencé, semble-t-il, à la can
on ignore comment. Heureusement tous les em
quitté la fabrique.

...ictoire pour St. Etienne

...ch passionant à St. Etienne hier soir où les fame
Liverpool 5 à 2. Rocheteau, qui ne semble plus
...ou droit, a marqué 3 des buts.
...doit maintenant rencontrer Madrid dans deux
...ni-finale de la Coupe d'Europe.

...ette 'Marinette' se marie

...re dans le monde de musique pop, s'es
...ont-Ferrand, sa ville natale. Déjà fiancée
...ent choisi d'épouser Henri Bazin, son
...rs voyages de noces aux Antilles.

MONTPELLIER – Liste des hôtels

Classement	Nom	Adresse et numéro de téléphone	Prix par nuit (F)		🖵	P	☎	Autres détails
★ ★ ★	Chevalier d'Assas	18, av. d'Assas 67.52.02.02	350 ✓	400			✓	près du centre-ville
★ ★ ★	Royal Hôtel	8, rue Maguelone 67.92.13.36	250 ✓	300			✓	centre-ville
★ ★	Ibis	164, av. de Palavas 67.58.82.30	210 ✓	260	✓	✓	✓	piscine tout près
★ ★	Palais	3, rue du Palais 67.60.47.38	125	160 ✓			✓	centre-ville
★ ★	Angleterre	7, rue Maguelone 67.58.59.50	115 ✓	150			✓	près de la gare SNCF
★ ★	Floride	1, rue François Périer 67.65.73.30	110 ✓	190 ✓		✓	✓	centre-ville
★ ★	Littoral	3, impasse St-Sauveur 67.92.28.10	100 ✓	150			✓	centre-ville fermé à Noël
★	Polygone et Stade	16, av. du Pont Juvénal 67.65.81.41	85	100				près du centre-ville fermé à Noël

1. On va au restaurant

a) Vous êtes chargé(e) d'encourager les élèves de votre école à manger à la cantine. Faites de la publicité en composant cinq menus idéaux, un pour chaque jour de la semaine.

Phrases utiles:
salade de . . . tomates
mayonnaise de crevettes *(prawn cocktail)*
rôti de . . . bœuf, dinde *etc.*
brochette de . . . porc
mousse au . . . chocolat
bouteille de champagne gratuite *(free)*

b) Un jeune ménage invite la directrice de l'usine où ils travaillent à dîner chez eux, ne sachant pas qu'elle est végétarienne. Imaginez la scène qui s'ensuit et écrivez le dialogue.

Phrases utiles:
Servez-vous
Je regrette, mais . . .
Ça ne fait rien
On va passer au plat principal *etc.*
Je peux vous préparer . . . une omelette?
etc.

2. On achète des vêtements

Vous êtes un(e) grand couturier(ère) *(fashion designer)*. Vous êtes chargé(e) de créer une nouvelle silhouette pour votre star préférée/la reine d'Angleterre pour qu'il/elle apparaisse très moderne et très à la mode. Vous envoyez les premières ébauches *(sketches)* au directeur de votre entreprise. Ecrivez la lettre qui accompagne les ébauches où vous expliquez l'image que vous avez voulu créer. Commencez ainsi:

> Monsieur le Directeur,
>
> Je vous envoie ci-inclus *(enclosed herewith)* les ébauches que vous m'avez demandées. Elles montrent comment j'envisage la nouvelle silhouette de . . . Je le/la vois vêtu(e) de *(dressed in)* . . .
>
> Veuillez agréer, Monsieur, l'expression de mes sentiments distingués,

Phrases utiles:
un décolleté en pointe – *a v-necked collar*
un jean délavé – *faded jeans*
un tailleur – *a suit*
une mini-robe – *a mini-dress*
une veste croisée – *a double-breasted jacket*
des bas en dentelle – *lace stockings*
des bottes – *boots*
des boucles d'oreilles – *earrings*
des chaussures à hauts talons – *shoes with high heels*
des cheveux blonds avec des mèches noires – *blond hair with black streaks*
en fourrure synthétique – *in artificial fur*
en soie – *in silk*
en tweed – *in tweed*
en velours – *in velvet*
bordé de – *edged with*
épaulé – *with padded shoulders*
fendu dans le dos – *split up the back*
à manches longues – *with long sleeves*
tricoté – *knitted*

3. On rapporte ce qu'on a acheté

a) Vous avez le sens de l'humour? Essayez d'inventer des blagues *(jokes)* où un(e) vendeur(euse) astucieux(se) trouve une réponse pour toutes les réclamations qu'on lui présente. Par exemple:

Client(e): J'ai acheté cette boîte d'œufs hier, mais quand je l'ai ouverte, les œufs étaient cassés.

Vendeur(euse): C'est fait exprès *(done on purpose).* Ça vous permet de faire des omelettes plus facilement.

b) Vous êtes en vacances en France. Vous achetez quelque chose dans un magasin, mais vous découvrez que vous ne pouvez pas l'utiliser. Il n'est plus possible de retourner au magasin pour l'échanger – que faites-vous? Est-ce que vous connaissez quelqu'un qui pourrait s'en servir? Regardez les images, puis copiez et remplissez le tableau.

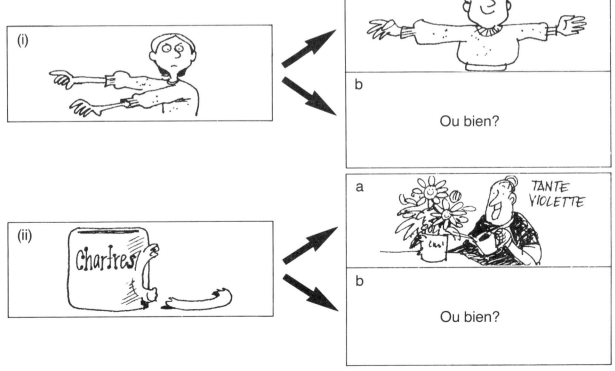

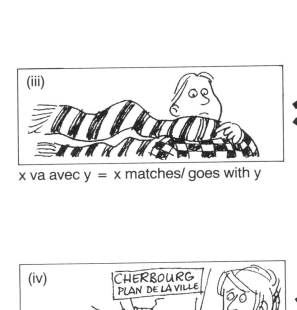

x va avec y = x matches/ goes with y

	Achat	Problème	Personne qui pourrait s'en servir	Pourquoi?
i			a	
			b	
ii			a	
			b	
iii			a	
			b	
iv			a	
			b	
v			a	
			b	
vi			a	
			b	

*s'en servir de = *to make use of*

4. On réserve une chambre à l'hôtel

a) Au cours des six conversations de cet exercice, l'employé à l'office de tourisme a demandé à chaque fois qu'on écrive une lettre pour confirmer la réservation des chambres. Choisissez une des situations et écrivez la lettre appropriée, en vous servant de cette lettre modèle:

Monsieur/Madame,

    Suite à notre conversation téléphonique, je vous écris pour confirmer la réservation de . . ., du . . . au . . . C'est au nom de . . .

    Veuillez agréer, Monsieur/ Madame, l'expression de mes sentiments distingués,

b) Après avoir écrit pour confirmer la réservation, votre chef au bureau vous informe que tout a changé et vous devez maintenant refaire la réservation. Regardez la lettre modèle, et puis écrivez une autre lettre au syndicat pour changer la réservation ainsi:

– encore 2 personnes
– encore 3 jours
– au mois suivant
– vouloir dîner à l'hôtel chaque soir.

Lettre modèle:

Monsieur/Madame,

    Je vous ai écrit récemment pour confirmer la réservation de . . . chambres pour . . . nuit(s) à l'hôtel . . . (+ *name),* du . . . au . . . C'était au nom de . . .

    Malheureusement on a dû changer quelques détails de la réservation, et maintenant . . .

    Veuillez agréer, Monsieur/ Madame, l'expression de mes sentiments distingués,

5. On prend le métro

a) Vous écrivez à vos grands-parents qui habitent en province, pour confirmer un rendez-vous devant le Louvre à Paris. Ils ne connaissent pas bien Paris, donc il faut leur expliquer comment s'y rendre. Ils arrivent à la Gare du Nord. Regardez le plan simplifié du métro dans le manuel B et écrivez la lettre appropriée, en vous servant de cette lettre modèle:

> Chers Bon-papa et Bonne-Maman,
>
> Je suis si heureux (se) que vous venez me voir à Paris! On se retrouve donc, comme prévu, (as arranged), devant le Louvre samedi le 14 mai, à deux heures.
>
> Quand vous arriverez à la station de métro à la Gare du Nord, vous....
>
> A samedi alors,
>
> Grosses bises,

b) Maintenant écrivez la lettre encore une fois, mais cette fois-ci, imaginez que vous allez vous retrouver devant le parc de Vincennes et changez les instructions.

6. On tombe en panne

a) Vous venez d'acheter une voiture neuve, mais pendant les deux premières semaines vous avez eu beaucoup de problèmes. Ecrivez une lettre de réclamations au directeur de l'entreprise, en vous servant de cette lettre modèle:

> Monsieur le Directeur,
>
> Il y a deux semaines, j'ai acheté une . . . (+ *marque de la voiture*) toute neuve. Depuis que je l'ai, je n'ai eu que des problèmes. La première fois que je suis sorti(e), le/la . . . s'est cassé(e). Alors, je suis allé(e) au garage, et je l'ai fait réparer. Puis deux jours après, j'ai découvert que . . . ne marchait(aient) pas.
>
> Quand on achète une voiture neuve, on ne s'attend pas (*do not expect*) à ce qu'elle tombe toujours en panne. J'insiste non seulement pour que vous me remboursiez les réparations, mais pour que vous échangiez la voiture contre une autre qui ne tombe pas en panne à tout moment.
>
> Veuillez agréer, Monsieur, l'expression de mes meilleurs sentiments,

b) Vous passez un samedi tranquille à la campagne avec votre famille, mais avant de vous mettre en route pour rentrer chez vous, vous trouvez que la voiture ne marche pas. Qu'est-ce qui se passe? Vous allez à pied à une cabine téléphonique et téléphonez au garage. Ecrivez la conversation qui s'ensuit.

7. On explique un accident de la route

a) A la suite d'un accident, la compagnie d'assurances demande souvent une déclaration écrite. Choisissez une des situations de cet exercice et écrivez la déclaration appropriée, du point de vue de la personne A. Votre partenaire fait la même chose, mais du point de vue de la personne B.

b) Imaginez que vous êtes journaliste et écrivez un article décrivant un accident. Ces faits divers *(items of news)* peuvent vous donner une idée du ton qu'il faut adopter.

Accident sur la route de Nice

Mercredi soir, vers 20 heures, sur la route de Nice, un accident s'est produit entre une Fiesta et une Peugeot 504. M. Serge Barberat (56), témoin de l'accident, a déclaré que le chauffeur de la Peugeot, M. Pierre Buron (28), est sorti d'une petite rue sans faire attention et la Fiesta n'a pas pu s'arrêter à temps. Le chauffeur de la Fiesta, M. Paul Edwards (24), visiteur anglais qui rentrait de ses vacances sur la Côte d'Azur, a reçu des blessures, mais n'a pas été hospitalisé.

Accident bizarre

Mercredi soir, vers 23 heures, sur la route de Strasbourg, l'accident le plus bizarre de l'année s'est produit entre une Peugeot 504 et un chameau. Celui-ci, échappé du parc zoologique, traversait la route, mais, ébloui par les phares de la voiture*, s'est arrêté en pleine route. Mademoiselle Marceau, qui rentrait d'un dîner d'affaires, a déclaré: 'J'en croyais à peine mes yeux,* je pensais avoir trop bu au dîner. Je ne pouvais pas m'arrêter à temps.'

Heureusement, le chameau n'a été que légèrement blessé, et l'accident a permis aux gardiens de zoo de reprendre l'animal.

*ébloui par les phares de la voiture = *dazzled by the car's headlights*
j'en croyais à peine mes yeux = *I could hardly believe my eyes*

8. On arrive chez son correspondant/sa correspondante

Imaginez que vous êtes un(e) jeune Français(e) qui vient d'arriver chez un(e) correspondant(e) anglais(e). Le soir même de votre arrivée, vous écrivez à vos parents pour leur décrire le voyage et la maison/l'appartement. Inventez les détails du voyage et les problèmes que vous avez eus. Vous pouvez vous servir de cette lettre modèle:

Chers Maman et Papa,
Et bien, me voilà enfin en Angleterre! Je suis arrivé(e) sain(e) et sauf (ve) (safe and sound) chez....
Le voyage.... malheureusement...
L'appartement/la maison de la famille (+ name)....est....Il y a....pièces....
Enfin, je vais me coucher – je suis crevé(e) (slang for tired).
Grosses bises,

9. On réagit à une nouvelle

a) A l'intérieur de chaque carte que vous avez choisie, écrivez un petit mot qui convient à la situation.

Phrases utiles:
J'espère que . . . toi et Martin serez très heureux
          tu passeras . . .
          tu trouveras . . .

b) Choisissez un personnage célèbre dont on vient de parler dans les journaux et écrivez un petit mot qui convient à sa situation.

10. On décrit ce qu'on fait le samedi

a) Choisissez un(e) des autres invité(e)s dans le manuel A et écrivez une description de sa journée de tous les jours.

b) Imaginez que vous êtes un personnage célèbre et écrivez comment se passe une journée typique de votre vie.

11. On s'excuse

a) Pour chaque accident, écrivez où il faut aller dans votre ville/village pour faire remplacer, réparer ou nettoyer l'objet. Par exemple:

> Pour faire nettoyer le petit tapis, il faut aller à la teinturerie dans la rue...

b) Imaginez que vous avez loué un appartement et que vous y êtes allé(e) avec votre jeune enfant de deux ans. Malheureusement, pendant que vous étiez là, l'enfant a causé des ravages *(caused havoc)* dans le salon de l'appartement. Regardez l'image du salon ci-dessous, et écrivez une lettre au propriétaire où vous vous excusez de ce qui s'est passé, et expliquez ce que vous avez fait pour laisser l'appartement en bon état. La lettre modèle peut vous aider.

Lettre modèle:

> Monsieur,
>
> Je vous écris pour vous expliquer ce qui s'est passé pendant notre séjour dans votre appartement.
>
> Comme vous le savez, nous avons un enfant de deux ans, et malheureusement, le premier jour, il/elle a... En plus, il/elle a... Et hier, il/elle a...
>
> Alors, nous avons fait de notre mieux pour laisser l'appartement en bon état. Nous avons...
>
> Je vous prie d'accepter toutes mes excuses,

12. On prend un message téléphonique

a) Imaginez qu'au lieu de téléphoner, Martin avait décidé d'écrire un petit mot à Monsieur Joubert et écrivez la lettre appropriée. Puis faites la même chose pour Patrick, Hamid et Christine.

Phrases utiles:

Je t'écris pour te rappeler...

Tu sais, il y aura...

Est-ce que tu peux/veux...?

b) Imaginez que vous êtes un personnage historique célèbre et que vous devez donner un coup de téléphone à quelqu'un*. Par exemple, imaginez que vous êtes Joséphine, et que vous téléphonez à Napoléon pour l'inviter à vous accompagner au théâtre ce soir-là. Son aide de camp prend votre message, en vous disant que Napoléon est occupé. Ecrivez la conversation qui s'ensuit.

(*Il faut imaginer qu'on avait déjà inventé le téléphone!)

13. On fixe un rendez-vous

a) Imaginez que vous travaillez pour le syndicat d'initiative de votre région. Un groupe de touristes français va venir dans votre ville/village et ils voudront savoir ce qu'il y a à faire. Ecrivez des annonces en français pour les cinémas, restaurants, etc. de votre ville/village. Essayez de traduire les titres des films, cafés, etc. en français. Par exemple, 'Fred's Café' deviendrait 'Chez Frédéric'.

b) Imaginez que quelqu'un que vous n'aimez pas beaucoup vous téléphone pour vous inviter à sortir avec lui/elle. Pour chaque jour ou excursion qu'il/elle vous propose, inventez des excuses. Par exemple: vous allez déjà au cinéma ce soir-là; vous n'aimez pas la cuisine italienne, etc. Ecrivez le dialogue.

14. On explique son absence

Ecrivez une lettre à un(e) correspondant(e) français(e) où vous vous excusez de ne pas avoir écrit plus tôt à cause d'un accident. Cet accident peut être quelque chose qui vous est réellement arrivé dans la vie, ou bien vous pouvez l'inventer.

> Cher/Chère...,
>
> Je m'excuse de ne pas t'avoir écrit plus tôt, mais il y a ... jours, je me suis...
>
> A bientôt/salut/je t'embrasse,

15. On décrit les centres de vacances

a) Choisissez une ville où vous êtes déjà allé(e). Imaginez qu'après avoir lu le dépliant qui présente les attractions de la ville, vous y êtes allé(e) en vacances, et que vous avez été déçu(e). Ecrivez une lettre à la directrice de l'agence de voyages, qui avait recommandé la ville, où vous vous plaignez que la ville ne mérite pas la publicité qu'on lui fait. Vous pouvez vous servir de cette lettre modèle:

> Madame la Directrice,
>
> Vous m'avez recommandé la ville de ... comme centre de vacances agréable. Après avoir lu le dépliant que vous m'aviez donné, je me suis décidé(e) à y passer mes vacances.
>
> Je tiens cependant à vous faire savoir que je ne suis pas du tout satisfait(e) de mon séjour. Vous m'aviez dit que..., mais en réalité... *etc.*
>
> Veuillez agréer, Madame, l'expression de mes meilleurs sentiments,

b) Inventez deux brochures touristiques qui présentent une ville:

   (i)   pour attirer les touristes (même les usines, le champ d'épandages *(sewage works) etc.* peuvent être des caractéristiques!)

   (ii) pour détourner les touristes (vous aimez la vie tranquille sans touristes, alors, vous dites que la belle cathédrale est 'laide et en ruines' *etc....*)

16. On explique les actualités

a) Ecrivez vous-même un article pour un journal. Vous pouvez inventer ce que vous voulez. Par exemple, votre équipe de football vient de gagner la Coupe d'Europe, ou bien vos parents viennent de gagner 500 000 livres.

b) Ecrivez un article de journal qui décrit un événement qui s'est passé récemment en réalité.

17. On parle de sa vie à l'école

a) Ecrivez une lettre à un(e) correspondant(e) français(e) où vous décrivez votre propre école. N'oubliez pas de lui poser aussi des questions sur son école. Commencez ainsi:

> Cher/Chère...,
>
> Dans ta dernière lettre, tu m'as demandé comment sont les écoles en Angleterre, alors, je vais te décrire la mienne...

b) Faites une description d'une école idéale en répondant aux questions suivantes:

Il y aurait combien d'élèves?
L'école se trouverait où?
Les cours commenceraient et finiraient à quelle heure?
Quelles seraient les matières à étudier?

18. On parle de sa vie chez soi

Choisissez une de ces familles. Vous
êtes membre de la famille. Discutez de
vos problèmes avec un(e) ami(e). Qu'est-
ce que vous pourriez faire?

19. On parle de la façon de vivre ailleurs

a) Imaginez que vous êtes en vacances à l'étranger. Ecrivez une lettre à un(e) correspondant(e) français(e) où vous parlez de vos impressions de la façon de vivre dans ce pays. Commencez ainsi:

> Cher/Chère...,
> Me voici en/au/aux...J'y suis arrivé(e) il y a...jours. J'aime/ je n'aime pas beaucoup la façon de vivre ici...

b) Ecrivez la lettre encore une fois, mais cette fois-ci, imaginez que vous voyagez dans l'espace et que vous avez atterri *(landed)* sur une planète bizarre.

Phrases utiles:
Il fait tellement chaud/froid/lourd
Les gens ne sont pas comme nous...
On mange des plats très bizarres, comme...

20. On demande conseil

'Le courrier du cœur' est une section dans les magazines où les jeunes expriment leurs problèmes et où l'on essaie de leur proposer des solutions. Ecrivez une lettre au 'courrier du cœur' où vous parlez des problèmes que vous avez soit à la maison, soit dans votre vie personnelle – ça peut être un vrai problème, ou bien vous pouvez en inventer un. Puis, écrivez la réponse où l'on vous donne conseil. Les lettres ci-dessous peuvent vous donner une idée sur le ton qu'il faut adopter.

i) (Lettre)

> Chère Clémentine Compatissante,
> Je suis amoureuse d'un homme plus âgé que moi (il a 35 ans, j'ai 14 ans). Il est soldat en Allemagne, mais j'ai fait sa connaissance il y a deux semaines au baptême de mon neveu. La vie sans lui est insupportable. Que faire?
> Tristement,
> Marie Malheureuse

(Réponse)

> Chère Marie Malheureuse,
> Je crois que tu devrais essayer d'oublier cet homme. Ça va être dur, je sais, mais il me semble que les circonstances ne sont pas propices* à une amitié avec lui. Il faut aussi chercher quelqu'un qui soit un peu moins âgé que lui.
> Tom amie toujours compatissante,
> Clémentine

*propice = *favourable*

(ii) (Lettre)

Cher Thomas le Tigre,

Mon maître ne s'entend pas du tout avec la voisine, et ne me laisse pas jouer avec sa chienne – caniche* élégante et vivace – ce qui me rend très malheureux. En plus, je ne peux même pas passer devant sa maison sans être tenu en laisse*! Comment échapper à ce terroriste?

Frustré,

Bandit le Berger allemand

*caniche = *poodle*
 tenir en laisse = *to keep on a lead*

(Réponse)

Cher Bandit,

Condoléances, mon ami! Est-ce que vous pourriez vous rencontrer en secret la nuit dans le jardin? A ta place, je ferais un trou* dans la barrière!

Grognement,

Thomas

*trou = *hole*